Über dieses Buch Die Tantiemen flossen nicht eben üppig, viel Alkohol war auch im Spiel – bei Dylan Thomas stimmten die Konten nie. Um seine ewigen Finanzmalaisen ein bißchen erträglicher zu gestalten, ließ sich Thomas von Zeit zu Zeit auf Vortragsreisen in die USA einladen, wo er vergleichsweise fürstliche Honorare einstreichen konnte – fürstlich für einen, der sonst gar nichts hat. Aus wiederholten USA-Reise-Erfahrungen ist eine der köstlichen Satiren gespeist, die je über den Wanderzirkus von europäischen Künstlern und Intellektuellen geschrieben wurden, die sich in den Vereinigten Staaten von Club zu Club, von Universität zu Universität herumreichen lassen. ›Zu Besuch in Amerika‹ ist eins der Kernstücke von ›Ganz früh eines Morgens‹. Die Titelgeschichte ist sozusagen die Urfassung von ›Unter dem Milchwald‹. Sie und die meisten anderen im Band versammelten Beiträge pflegte Dylan Thomas in Hörsälen oder im Rundfunk vorzulesen.

Der Autor Dylan Marlais Thomas wurde 1914 in Swansea/Wales als Sohn eines Lehrers geboren; lehnte ausdrücklich ein Universitätsstudium ab; gewann als 19jähriger ein Lyrik-Preisausschreiben; arbeitete als Reporter für die *South Wales Evening Post*; während des Zweiten Weltkriegs als Dokumentarfilm-Autor für das britische Informationsministerium tätig; lebte zuletzt mit seiner Familie in dem walisischen Fischerdorf Laugharne; starb 1953 während einer Vortragsreise in New York.
Vom selben Autor ist im Fischer Taschenbuch-Programm lieferbar: ›Unter dem Milchwald‹ (Bd. 5798). Für August 1984 ist der Band ›Ein Blick aufs Meer‹ (Bd. 5800) in Vorbereitung.

Dylan Thomas
Ganz früh eines Morgens

Aus dem Englischen übersetzt
von Erich Fried

Fischer
Taschenbuch
Verlag

Ungekürzte Ausgabe
Veröffentlicht im Fischer Taschenbuch Verlag GmbH,
Frankfurt am Main, Juli 1984
Lizenzausgabe mit freundlicher Genehmigung
des Carl Hanser Verlags, München

Umschlaggestaltung: Jan Buchholz/Reni Hinsch
Gesamtherstellung: Clausen & Bosse, Leck
Printed in Germany
780-ISBN-3-596-25799-0

Inhalt

Erster Teil

Erinnerungen an die Kindheit

Ich bin in einer großen walisischen Industriestadt geboren, am Anfang des großen Krieges: eine häßliche, liebenswerte Stadt (oder wenigstens schien oder scheint sie mir noch immer so), die sich dehnte und weitete, in Slums, ungeplant, von Polierhäusern übersät und gemütlich vorbestadtet, an einer langen, großartig geschwungenen Küste, wo schuleschwänzende Jungen und Sandfelderjungen und alte namenlose Männer in den Fetzen und Katzenjammern von Hunderten Mildtätigkeitsanzügen nach Strandgut suchten, faulenzten und paddelten, den Booten zusahen, die hafenwärts fuhren, für die bellenden herrenlosen Hunde Steine in die See warfen und an Sommersamstagnachmittagen der kriegerischen Musik von himmlischer Erlösung und höllischem Feuer lauschten, die von einer Seifenkiste herab gepredigt wurden.

Diese Seestadt war meine Welt. Außerhalb ging ein *fremdes* Wales, kohlenzergraben, gebirgig, flußdurchlaufen und meines Wissens voll von Chören und Schafen und hohen Geschichtenbuchhüten, seinen Geschäften nach, die mich nichts angingen. Hinter diesem unbekannten Wales lag England, das London war, und außerdem ein Land, das hieß »die Front«, aus dem viele unserer Nachbarn nicht mehr zurückkamen. Im Anfang war die einzige »Front«, die ich kannte, die Front unseres Hauses, zu der man hinaufsehen konnte, wenn man durch den kleinen Gang zur Haustür hinaustrat. Ich konnte nicht verstehen, wieso so viele Leute von dort nie mehr zurückkamen. Aber später wurde ich größer und wußte mehr, wenn ich es auch noch immer nicht verstand, und trug im Cwmdonkin-Park ein hölzernes Schießgewehr und schoß den unsichtbaren, unbekannten Feind nieder wie eine Schar von wilden Vögeln. Und der Park selbst war eine Welt in der Welt der Seestadt, ganz nahe bei dem Haus, wo ich wohnte; so nahe, daß ich an Sommerabenden im Bett die Stimmen anderer Kinder hören konnte, die auf der abfallenden, papierabfallbedeckten Böschung Ball spielten. Der Park war voll von Schrekken und voll von Schätzen. Das Gesicht eines alten Mannes, der im Sommer und im Winter auf der gleichen Bank saß und auf das schwänebedeckte Wasserreservoir hinausstarrte, kann ich deutlicher vor mir sehen als die Stadtstraßengesichter, die ich erst vor einer Stunde gesehen habe. Und Jahre nachher habe ich ein Gedicht geschrieben, über diesen und für diesen für mich unvergeßlichen Mann, das ich nannte:

Der Bucklige im Park

Der Bucklige im Park
Ein Mister den man alleinließ
Eingepfropft zwischen Bäumen und Wasser
Vom Öffnen der Gartenschleuse
Die Bäume und Wasser einließ
Bis zum Ruf der Abendglocke den Park zu verlassen

Aß Brot aus einer Zeitung
Trank Wasser aus dem Becher an der Kette
Den die Kinder mit Sand vollschütten
Im Brunnenbecken wo mein Schiff schwamm
um die Wette
Er schlief bei Nacht in einer Hundehütte
Doch niemand der ihn angekettet hätte.

Wie die Parkvögel kam er zeitig
Wie das Wasser setzte er sich hin
Und *Mister – He Mister* riefen
Die Stadtschulschwänzer ihn
Um dann weiter geschmeidig
Außer Rufweite zu fliehn

Zwischen Teich und Felsengrotte.
Drohte er mit der Zeitung gabs Gelächter
Sie liefen bucklig zum Spotte
Durch den Zoo-Lärm der Weidenalleen
Um dem Stock mit dem der Parkwächter
Blätter aufspießt zu entgehn.

Und der alte Hundeübernächter
Allein zwischen Bonnen und Schwänen
Und Jungen in den Weiden die die losen
Tiger aus ihren Augen springen ließen
Um zu brüllen auf Ufersteinen –
Und abseits der Alleen blau von Matrosen

Machte den ganzen Tag bis zum Glockenzeichen
Einen Frauenleib, frei von Fehlern
Aufrecht wie ein junger Baum
Aufrecht und schlank aus seinen krummen Knochen
Daß sie die Nacht lang stünde ununterbrochen –
Nach den Schleusenschlössern und Ketten und Quälern

Die ganze Nacht im ungemachten Park
Nachdem die Gitter und Sträucher efeuumschlungen
Die Vögel Steine Gräser die er barg
Und die wie Erdbeeren unschuldig wilden Jungen
Dem Buckligen nachgefolgt waren
Zu seiner Hundehütte dunklem Sarg

Und dieser Park wuchs mit mir heran; diese kleine Welt in mir wurde weiter, als ich ihre Namen und ihre Grenzen lernte, als ich neue Zufluchten und Hinterhalte in ihren Miniaturwäldern und Tropendickichten entdeckte, den verborgenen Heimstätten und Lagern für die Scharen der Jungen, für Trapper und Indianer und für die Unheimlichsten von allen, die ferne Rasse der Mormonen, ein Volk, das allnächtlich auf Nachtmahren durch mein Schlafzimmer ritt. In diesem kleinen, von Eisengittern begrenzten Weltall von Felsengarten, Kiesweg, Spielböschung, Kegelbahnrasen, Kapellenpavillon, Wasserreservoir und Chrysanthemengarten, wo ein uralter, Knastermaul genannter Parkwächter die tyrannische und schnauzbärtige Schlange im Gras war, das man nicht betreten durfte, erduldete ich mit Wonne die ersten Qualen der unerwiderten Liebe, das erste langsame Kochen im Bauch, wenn ein schlechtes Gedicht entstand, das streunende und rabenlockige Selbstdramatisieren dessen, was damals unheilbare Halbflüggheit schien. Um die Zeit schrieb ich in einem nie veröffentlichten Gedicht:

Sieh, auf Kieswegen unter den harfentönenden Bäumen
Den Sommerwind spürend, die Schwäne hörend
Aus Fenstern geneigt über die Weite der Rasen
Auf steilabfallenden Hügeln die See bewundernd,
Bin ich allein, klag mein Alleinsein den Sternen.
Wer sind seine Freunde? Der Wind ist ihm freundlich
gesinnt,
Das Glühwürmchen leuchtet in seinem Dunkel, und
Die Schnecke kündigt kommenden Regen an.

Aber sogar schon einige Jahre vor diesen Zeilen hatte ich geschrieben:

Wo könnt ich jemals lauschen dem Rauschen des Meeres
im Schlaf
Oder dem kalten geschliffnen Gesang des Schwans, der
stirbt und erwacht?
Wo könnt ich jemals hören was raunt die Zypresse im
Schlaf,
Besingen unnahbare Seen und der Blumen männliche
Macht?

Ich muß gestehen, die Antwort war: im Park (den Schwan hatte ich damals ständig im Kopf). Die Antwort also war: im Park. Ein bißchen Gebüsch und Blumenbeete und Rasen in einer selbstgefälligen, behaglichen, säuberlichen, mittelmäßig wohlhabenden Vorstadt meiner mich ganz und gar umzingelnden Umwelt, jener großartig häßlichen Seestadt, wo ich an schulfreien Nachmittagen mit meinen Freunden am Strand herumstrich, an der Bucht, die nach Devon hinübersah, und auf Wasserleichen hoffte, oder auf goldene Uhren, oder auf den Schädel eines Schafes, oder auf Flaschenpost, die mit dem Treibgut angeschwemmt werden würde. Oder wo wir wanderten und pfiffen und zu Fremden ungezogen waren, durch die dichtgedrängten Straßen, die altbacken wie Bahnhofsbrötchen waren, um die ehrfurchtgebietenden Gaswerke herum, und ums Schlachthaus, vorbei an den geschwärzten Monumenten des Bürgerstolzes und am Museum, das in ein Museum gehört hätte; jener Seestadt, wo wir auf dem kahlen, schlackenbestreuten Spielplatz eine Art Kricket zusammenkratzten oder auf der

Promenade den unnahbar alten Mädchen von Fünfzehn oder Sechzehn auf der anderen Seite zuzwinkerten; wo wir eine Tramway nahmen, die wie ein Eisengelee wackelte und von unseren säuberlichen Elternwohnungen auf die klapperdürre Mole hinausfuhren, um dort *unter* der Mole herumzuklettern und an ihren Skelettbeinen hängend in Gefahr zu schweben, oder bis ans Ende der Mole zu laufen, wo geduldige Männer mit den meerwärts gekehrten Augen arbeitsloser Hafenarbeiter mit Mütze und Schal und mit Pfeifen, die ihnen noch aus dem Mund hingen, aber schon längst ausgegangen waren, nach unangenehm schmeckenden Fischen angelten. So eine Stadt wie unsere hat es wirklich noch nie gegeben, dachte ich, als wir auf den Sandhügeln mit Jungen spielten, die unsere Mütter Gassenjungen genannt hätten, oder als wir uns gegenseitig herausforderten, auf die Gerüste halbgebauter Häuser zu klettern, die bald »Heimtraut« oder »Die Buchen« genannt werden würden, und die in der Nähe der besseren Wohnviertel standen, wo die gewichtigeren Familien der Geschäftsleute um halb acht Uhr *dinierten* und nie ihre Vorhänge vorzogen.

So eine Stadt hat es wirklich noch nie gegeben, dachte ich, mit so einem Geruch nach Fischen und Bratkartoffeln an Samstagabenden, mit solchen Samstagnachmittagsvorstellungen im Kino, wo wir unsere drei Groschen verjohlten und verzischten, mit solchen Menschenmengen auf den Straßen, die an Abenden, an denen ein internationaler Fußballkampf stattfand, den walisischen Lauch trugen; eine Stadt mit solchem Singen, das aus den rauchigen Eingängen der Wirtshäuser hervorspritzte, in Stadtvierteln, die wir eigentlich gar nicht besuchen durften; und mit so einem Park, dem unerschöpflich lächerlichen und geheimnisvollen, dem buschigen, rothäuteversteckenden; wo der Bucklige allein saß mit Bildern der Vollkommenheit in seinem Kopf, und der Weiden »blau von Matrosen«.

Die Erinnerungen an die Kindheit haben keine Ordnung. Von all diesen in allen Farben schillernden, bewegten, duftenden Untiefen, die im Augenblick der Erinnerung unter die Oberfläche verschwinden, schießen ein oder zwei wahllos heraus aus ihren quirlenden Wassern in die Luft der Gegenwart, unsterbliche Fliegende Fische.

So erinnere ich mich, daß es nie so eine Abc-Schule gegeben hat wie unsere; so entschieden und freundlich und so nach Galoschen duftend, mit dem süßen verwischten Klang der Klavierstunden, der vom oberen Stockwerk herunterwehte ins einsame Klassenzimmer, wo nur die manchmal tränenüberströmten Schlimmen über den unberechenbaren Rechnungen saßen, weil sie ein kleines Verbrechen abzubüßen hatten, das Reißen am Haar eines Mädchens in der Geographiestunde, oder den geschickten Tritt ans Schienbein unter dem Tisch während des Betens. Hinter der Schule war ein enger Weg, wo die Ältesten und Tollkühnsten Kiesel gegen die Fenster warfen und rauften und prahlten und Lügen über ihre Familien erzählten –

»Mein Vater hat einen Chauffeur.«

»Wozu hat er einen Chauffeur? Er hat doch kein Auto!«

»Mein Vater ist der reichste Mann in Swansea!«

»Mein Vater ist der reichste Mann in Wales!«

»Mein Vater ist der reichste Mann der Welt!«

und Zigarettenstummel rauchten und grün im Gesicht wurden und heimgingen und wenig Appetit zum Tee hatten.

Der Weg hinter der Schule war der Ort, wo man sich Geheimnisse erzählte. Wenn man keine hatte, dann erfand man welche; ich hatte nur wenige. Heutzutage träume ich manchmal, daß ich nach der Schule in die Gasse mit den Geheimnissen einbiege und den Kindern aus meiner Klasse sage: »Endlich habe ich ein Geheimnis!«

»Was denn?«

»Ich kann fliegen!«

Und wenn sie mir dann nicht glauben, flattere ich mit den Armen wie ein großer dicker Vogel und erhebe mich langsam vom Boden, zuerst nur wenige Zentimeter hoch; dann aber gewinne ich Luftraum, bis ich dahinfliege wie der Vampir Dracula, mit meiner Schülermütze, in gleicher Höhe mit den Schulfenstern des ersten Stockwerks, und hineinspähe, bis die Lehrerin am Klavier aufkreischt und das Metronom krachend zu Boden fällt und stehenbleibt, so daß es keine Zeit mehr gibt. Und ich fliege über die Bäume und Schornsteine meiner Stadt, über die Werften und Hafenanlagen und streife die Masten und Schiffsschornsteine, über die Inkermanstraße und Sebastopolstraße und über die Straße, wo die Frauen in Männermützen mit einem Korb voll leerer Flaschen in die *Kanne und Flasche* laufen; über die Bäume des ewigen Parks hin, wo eine Militärkapelle die Blätter rüttelt und auf die Kindermädchen und Kinder niederregnen läßt, auf die Krüppel und auf die Arbeitslosen. Das ist nur ein Traum. Aber die häßliche und wenigstens für mich liebenswerte Stadt lebt und ist aufregend und wirklich genug, obwohl der Krieg ein häßliches Loch in sie gerissen hat. Ich brauche mich an keinen Traum zu erinnern. Die Wirklichkeit ist da, die echten lebendigen Menschen, der Geist von Wales selbst.

Ganz früh eines Morgens

Ganz früh eines Morgens im Winter in Wales, an der See, die still und grün wie Gras dalag, nach einer Nacht von teerschwarzem Heulen und Rollen.

Ich ging hinaus aus dem Haus, in das ich gekommen war, um kalte Ferien außerhalb der Saison zu verbringen, denn ich wollte nachsehen, ob es noch regne, ob der Vorbau des Hauses weggeweht worden sei, ob Kartoffeln, Scheren, Rattengift, Krabbennetze und Büchsen mit rostigen Nägeln samt und sonders im Winde davongeflogen seien und ob die Klippen an der Küste noch alle da seien. Es war eine so wilde Nacht gewesen, daß jemand im rauchigen, mit Schiffsbildern geschmückten Wirtshaus gesagt hatte, er könne spüren, wie sein Grabstein wackle, obwohl er doch gar nicht tot sei oder sich wenigstens doch noch bewege. Aber der Morgen leuchtete so klar und still, wie man sich immer vorstellt, daß der nächste Tag leuchten wird.

Die Sonne beleuchtete die Seestadt, aber nicht ganz und gar, von der höchsten Düne herab, von der naserümpfenden zinkbedachten Kapelle bis zum leeren, nur von Ratten und Geflüster bewohnten, grauen Lagerhaus am Hafen, sondern in einzelnen hellen Flecken. Dort stemmte der Kai seine Schulter gegen das offene Meer, und dort war niemand, nur die Möwen, und die Winden standen da wie kleine Männer in röhrenförmigen Hosen. Da leuchtete das Dach der Polizeistation, schwarz wie ein Helm, trocken wie eine Vorladung, nüchtern wie der Sonntag; dort die beklekkerte Kirche, und über ihr eine Wolke in Gestalt einer Glocke, bereit dahinzutreiben und zu läuten; hier die Schornsteine des rosagetünchten Wirtshauses, jenes Wirtshauses, das auf den Samstagabend wartete wie ein allzu lustiges Mädchen auf Matrosen.

Die Stadt war noch nicht wach. Der Milchmann lag noch verloren in Lärm und Musik seiner walisischsprechenden Träume, die wunscherfüllten Tenorstimmen ertönten mächtiger als Caruso, süßer als Ben Davies, vorbei am Kleiderbasar und am Manchester-Haus, hinauf zu den frostigen Hügeln. Die Stadt war noch nicht wach. Babies in den Schlafzimmern im ersten Stockwerk der salzweißen Häuser, die über dem Wasser baumelten, oder der rundfenstrigen Villen, die säuberlich in ordentlich baumbestandenen aber unebenen Hügelstraßen dasaßen, plagten das Licht mit ihrem halb aus dem Schlaf kommenden Schreien. Verschiedentliche pensionierte Schiffskapitäne tauchten für eine Sekunde aus tieferen Wogen, als je ihre Schiffe gewiegt hatten, auf, ertranken dann wieder, sanken hinab, hinab in eine vielleicht mittelmeerblaue Schlafkajüte, gewiegt im Meeresrauschen ihrer Ohren. Hauswirtinnen, eingehüllt in Schal und Bluse und Schürze aus Schlaf in der vorhangverhängnisvollen Bombasinschwärze ihrer einstmals zu vermietenden Gastzimmer, erinnerten sich an ihre Liebhaber, an ihre Rechnungen, an ihre Besucher – tot, davongegangen, begraben in englischen Wüsten, bis die Posaune des nächsten kostspieligen Augusts sie wieder auferstehen lassen würde in eine Welt von Ferienregen, unglücklichen Küstenklippen und Sand, gesehen aus den weinenden Trauerfenstern der Guten Stuben; eine Welt von gefransten Tischtüchern, ausgestopften Fasanen, Farnen in Blumentöpfen, verblassenden Photographien der bärtigen und kritisch dreinschauenden Toten, Autographenalben mit einer Locke von schlaffen und farblosen bebänderten Haaren, die zwischen den dicken schwarzen Deckeln hervorhängt.

Die Stadt war noch nicht wach. Vögel sangen auf dem Dachgiebel, in Büschen, Bäumen, auf Telegraphendrähten, Schienen, Zäunen, Sparren und nassen Masten. Weder aus Liebe noch vor Freude, sondern einfach um andere Vögel fernzuhalten. Die Hausherren in Federn machten selbst dem fliegenden Licht das Recht streitig, sich niederzulassen und zu rasten.

Die Stadt war noch nicht wach, und ich ging durch die Straßen wie ein Fremder, der aus dem Meer gestiegen ist und mit jedem Schritt Holz und Wellenschlag und Dunkelheit abschüttelt, oder wie ein neugieriger Schatten, der entschlossen ist, sich nichts entgehen zu lassen, nicht das erste Beben in der Kehle des morgenkrähenden Hahnes, und auch nicht das erste schwirrende Anstoßen der festgesetzten Zeit im Bauch der Weckeruhr auf der mit Familienandenken bedeckten Kommode unterhalb des gestickten Bibeltextes und der echt handgemalten Wasserfarbenbilder von Porthcawl oder Trinidad.

Ich ging vorbei an den kleinen Fenstern, die auf das Meer spähten und hinter deren ordentlichen Vorhängen Männer und Frauen von sanften Sitten lagen, noch nicht erwacht, und vielleicht, wer weiß, furchtbar und gewalttätig in ihren Träumen. Im Kopf von Miß Hughes, »Zum stillen Winkel«, dröhnten die Zimbeln eines orientalischen Hofes, Eunuchen schlugen Gongs, so groß wie die Kapelle von Bethesda. Sultane mit Stimmen, feuriger als die von Wanderpredigern, verlangten einen höchst unwalisischen Tanz. Überall glühten und strahlten die Farben der Träume der kleinen schiefergrauen Frau, purpurn, magenta, rubinrot, saphirfarben, smaragdgrün, knallrot, honiggolden. Aber nein, ich konnte es nicht glauben! Sie strickte sicher in ihrer ordentlichen Schlafwelt ein beigefarbenes wollenes Leichentuch mit den Worten *»Du sollst nicht«* am Busen.

Ich konnte mir Cadwallader Davies, den Krämer, in seinem Morgentraum vor dem Erwachen nicht hoch zu Roß vorstellen, mit zwei Pistolen wildwesttapfer durch die Kakteenprärien reitend. Nein, er addierte, er subtrahierte, er schrieb Empfangsbestätigungen aus und buchte eine üppige Rechnung mit einer Kerze, die er in Trockenei tauchte.

Welche großen Ozeane von Träumen fluteten im Schlaf des Kapitäns? Über welche Wogen, blau von Walen, segelte er durch einen Regenbogenhagel fliegender Fische zur Musik von Kirkes schweinischer Insel? Laßt ihn nicht von Dividenden und Bierflaschen und Zwiebeln träumen!

Jemand schnarchte in einem der Häuser. Ich zählte zehn wilde und empörte Grunzer und Schnarcher, wie die eines Schweines auf einem unratlosen Mustergut, und sie endeten mit einem Laut, der die Fenster schüttelte, die Waschbecken rüttelte, die Zahnputzgläser erzittern und die Murmeltiere aufwachen ließ. Das Schnarchen donnerte mit mir ans Gitter der Kapelle und verschwand dann messingdröhnend.

Die Kapelle stand da, grimmig grau, und teilte dem Tag

mit, daß es heute keinen Unsinn zu geben habe. Die Kapelle schlummerte nicht. Nie nickte sie ein oder legte sich auf die Seite, nie schloß sich ihr langes kaltes Auge. Ich ließ sie stehen, sie sagte dem Morgen immer noch ihre Meinung, und die Seemöwe flog abgekanzelt über sie hin.

Und als ich wieder hinunterkletterte und hinauf und zur Stadt hinaus, hörte ich die Hähne von den versteckten Höfen her krähen, von alten Hühnersprossen über den Wogen, wo vielleicht sagenhafte Seevögel sitzen und schreien »Neptun!«. Und eine weitentfernte Uhr schlug von einer anderen Kirche, von einem anderen Dorf, von einer anderen Welt her, wenn auch der Wind die Zeit davonwehte. Und ich ging am zeitlosen Morgen an einer Zeile von weißen Hütten vorbei, und fast erwartete ich, daß ein uralter Mann mit einem großen Bart und einem Stundenglas und einer Sense unter dem Schlafrockärmel sich aus dem Fenster beugen und mich fragen würde, wie spät es sei. Ich hätte ihm gesagt: »Steh auf, du alter Zähler der Herzschläge aller Albatrosse, und wecke die höhligen Schläfer der Stadt zu einem blendenden neuen Morgen!« Ich hätte ihm gesagt: »Du unglaublicher Vater von Eva und Hans Adam, komm heraus, du altes Huhn, und scharre den Wintermorgen auf mit deinem Sensenlöffel!« Ich hätte ihm gesagt ... Ach, was! Davongerannt wäre ich wie ein verbrühter Geist, über die Klippenküste hinunter ins zweisprachige Meer.

Wer wohnte in diesen Hütten? Ich war ein Fremder in dieser Seestadt, frisch oder altbacken aus der Großstadt, wo ich für mein Brot und die Butter drauf arbeitete und wünschte, es wäre walisisches Tangbrot und salzige Landbutter, dottergelb. Fischer wohnten dort. Sicherlich. Kein Maler, außer, daß sie Boote bemalten. Keine wie Männer angezogenen Weiber mit Klappstühlen und Skizzenbüchern und Stimmen wie Fischmöwen, die die widerwilligen Häupter von kritischen und stämmigen Einheimischen malten, die ihnen nach dem Maß Bier Modell saßen, gegen den Hintergrund der kapellendunklen See, die dann blauer gemalt werden würde als die Bucht von Neapel, bloß seichter.

Ich ging wieder den Klippenpfad entlang; die Stadt hinter und unter mir wachte ganz langsam auf. Ich blieb stehen und drehte mich um und schaute. Rauch aus einem Schornstein, vom Schuhmacher, dachte ich, aber aus dieser Entfernung hätte es auch der Schornstein des in Ruhestand getretenen Irrenhauswärters sein können, der sich nach vielen Jahren erfolgreicher Ringkämpfe mit den wahnsinnigen Reichen von Südengland hier in Wales niedergelassen hatte. Er war nicht beliebt. Auf den ersten Blick nahm er einem sorgsam Augenmaß für eine Zwangsjacke. Er sah einen wie einen Ball elastisch von Gummizellenwänden abprallen. Nichts, was man tat, überraschte ihn. Viele Leute in der Stadt fanden es schwer, ihn nicht plötzlich um die Ecke herum anzustieren oder ihm etwas vorzutanzen, krampfhaft, oder lachend und mit teuflisch guter Laune auf Raufereien unsichtbarer Hunde zu zeigen, bloß um ihm zu beweisen, daß sie normal seien.

Nun auch Rauch aus einem zweiten Schornstein. Sie verbrannten ihre Nachtträume. Aus dem Rauch erhob sich ein Geist mit langen Haaren, wie ein alter Politiker: Jemand hatte von der Liberalen Partei geträumt. Aber nein, die rauchige Gestalt verwob und verdünnte sich zu einem eleganten und präzisen grauen Beistrich. Also hatte jemand davon geträumt, Charles Morgan zu lesen. Ach, die Stadt erwachte jetzt, und ich hörte ihre Stimmen deutlich und beständig über die langsam sprechende See hin zu mir herauf wehen. Und einige von diesen Stimmen sagten:

Ich bin Miß May Hughes, »Stiller Winkel«, eine einsame Lady,
Und warte in meinem Hause am schlimmen Meer:
Ich warte auf einen Gatten und auf mein niedliches Baby,
Vielleicht kommen die endlich doch von irgendwo her.

Ich bin Käptn Winzig-Evans, und mein Schiff war die *Kidwelly*,
Und Mrs. Winzig-Evans ist schon tot und längst verblaßt.
»Armer Käptn Winzig, ganz allein!« heißts bei den Nachbarn,
Aber ich bin gern allein, und sie hab ich gehaßt.

Clara Tawe Jenkins, ›Madam‹ genannt, alte Altstimme;
Ich sitz im Schlafrock am Fenster und sing hinaus aufs Meer.
Das ist ganz recht so für eine alte Sängerin,
Denn das Meer merkt das nicht: ich hab keine Stimme mehr.

Thomas Evans, Pfarrer; man darf kein Blättchen vergeuden!
Ohnehin schwach, der Tee; ich mache ihn jeden Morgen
In meinem Haus, hier am Meer, und ich trink ihn mit Freuden,
Einzig allein mein Glaube, der macht mir oft Sorgen.

Vorhänge auf, und einheizen! Ich – ja, ich will noch gähnen.
Ich, Mrs. Ogmore-Pritchard! – Dienstboten muß man benutzen!
Abstauben das Porzellan, den Kanari füttern, und bohnern!
Und bevor ihr die Sonne einlaßt, soll die sich die Schuhe putzen:

Ich bin bloß Mr. Griffith, stark kurzsichtig, Magister. Mein Ei
Schluck ich noch schnell, dann zur Schule, die Schulglocke droht!
Schutzheiliger der Lehrer, lehr mich Ruhe halten, steh mir bei
Zu vergessen den Satz an der Tafel: »Griffith Blindschleiche ist ein Idiot!«

Hört ihrs pfeifen? Ja, das bin ich! Ich bin Phoebe! Das Mädchen
Im Gasthaus zum Königskopf; heut gibts was wieder einmal:
Irgendwer hat ein Päckchen Pfeffer in'n Tee geschmissen.
Zwanzig Gäste zum Frühstück. Ich pfeif drauf, mir ists egal!

So zogen einige von den Stimmen einer auf die Klippen gebauten Stadt am äußersten Ende von Wales aus dem Schlaf und aus der Dunkelheit aus, in den neugeborenen uralten alterslosen Morgen hinaus, zogen aus und gingen verloren.

Weihnachtserinnerungen

Ein Weihnachten war dem anderen so gleich in jenen Jahren, die nun um die Meerecke der Stadt entschwunden und außer aller Hörweite sind, bloß daß ich manchmal einen Augenblick lang vor dem Einschlafen noch das ferne Gespräch ihrer Stimmen höre, daß ich jetzt nie mehr sagen kann, ob es sechs Tage und sechs Nächte lang geschneit hat, als ich zwölf war, oder ob es zwölf Tage und zwölf Nächte lang geschneit hat, als ich sechs war. Oder damals, als das Eis brach und der Schlittschuh laufende Schnittwarenhändler wie ein Schneemann durch eine weiße Falltüre verschwand, ob das derselbe Weihnachtstag war, an dem die Rosinenkuchen Onkel Arnold fertigmachten und wir den seeseitigen Hügel hinunterrodelten, den ganzen Nachmittag lang, auf dem besten Teetablett; und Mrs. Griffith beschwerte sich, und wir warfen einen Schneeball nach ihrer Nichte, und als ich die Hände vors Feuer hielt, da brannten sie vor Kälte und Hitze so sehr, daß ich zwanzig Minuten lang weinte; und dann aß ich Wackelpudding.

Alle Weihnachten rollen den Hügel hinunter zum walisischsprechenden Meer, wie ein Schneeball, der immer weißer und größer und runder wird, wie ein kalter kopfüber kollernder Mond, der den Himmel hinunterbollert, der unsere Straße war; und alle Weihnachten machen halt am Ufer der eisgeränderten, fischefrierenden Wellen, und ich fahre mit den Händen tief in den Schnee und hole alles heraus, was ich finden kann: Tannenzweige und Weihnachtssingvögel, oder Pudding, Gezänk und Gesänge, und Orangen und blecherne Pfeifchen, und das Kaminfeuer in der Guten Stube, und Bums die Knallbonbons, und Heilig, Heilig, Heilig läuten die Glocken und die Glasglocken beben am Baum, und Mutter Graugans aus der Weihnachtspantomime, und der Struwwelpeter – ach, die paulinchenverbrennenden Flammen und der klappernde Scherenmann. Und Billy Bunter aus dem bunten Groschenheft und die

Schwarze Schönheit, und Goldelse, und die kleine Frau; und Jungen, die drei Portionen essen, und Alice im Wunderland, und Mrs. Potters Dachse, und Federmesser und Teddybären – benannt nach einem Mr. Theodor Bär, ihrem Erfinder oder Vater, der vor kurzem in den Vereinigten Staaten starb –, Mundharmonikas, Bleisoldaten, und Milchpudding, und Tante Bessy, die auf dem ungestimmten Piano in der Guten Stube »Ein Männlein steht im Walde« und »Orangen und Lemonen« spielt, den ganzen Pfänder und Blindekuh spielenden Abend lang am Ende des unvergeßlichen Tages am Ende des nicht mehr erinnerten Jahres.

Tief taucht meine Hand in jenen watteweißen glockenklingenden Ball von Festtagen, der am Rande des lobliedersingenden Meeres ruht, und heraus kommen Mrs. Prothero und die Feuerwehrmänner.

Es war am Nachmittag des Weihnachtsabends, und ich war in Mrs. Protheros Garten und wartete mit ihrem Sohn Jim auf Katzen. Es schneite. Zu Weihnachten schneite es immer. Der Dezember ist in meinen Erinnerungen weiß wie Lappland, nur Rentiere waren keine da. Aber dafür waren Katzen da. Geduldig, mit eiskalten Fingern und eiskaltem Herzen, unsere Hände in Socken gehüllt, warteten wir, um Schneebälle nach den Katzen zu werfen. Geschmeidig und lang wie Jaguare und mit furchtbaren Schnurrbärten, spukkend und fauchend würden sie über die weißen Mauern am unteren Ende der Gärten huschen und jagen, und die luchsäugigen Jäger, Jim und ich, Trapper von der Hudson Bay gleich hinter der Gasthausstraße, in Pelzmützen und Mokassins, würden unsere tödlichen Schneebälle gerade ins Grüne ihrer Augen schleudern. Die klugen Katzen ließen sich niemals blicken. Wir waren so still – eskimofüßige arktische Scharfschützen im alles erstickenden Schweigen des ewigen Schnees, der schon seit Mittwoch lag –, daß wir Mrs. Protheros ersten Schrei aus ihrem Schneehaus am unteren Ende des Gartens nicht einmal hörten. Oder wenn wir ihn hörten, so war er für uns nur wie der weitentfernte Kriegsruf unseres Feindes und unserer Beute, des Nachbars Polarkatze. Aber bald wurde die Stimme lauter. »Feuer!« schrie Mrs. Prothero, und sie schlug den Gong, der sonst zum Essen rief. Und wir liefen den Garten hinunter, den Arm voller Schneebälle, auf das Haus zu, und, heißa!, da kam wirklich Rauch aus dem Speisezimmer, und der Gong bummerte und Mrs. Prothero rief die Katastrophe aus, wie ein Stadtschreier in Pompeji. Das war besser als alle Katzen in ganz Wales, auch wenn sie in einer Reihe auf der Mauer gestanden hätten. Wir stürzten ins Haus, beladen mit Schneebällen, und machten an der offenen Türe des rauch-erfüllten Zimmers halt. Ja, etwas brannte ganz tüchtig. Vielleicht war es Mr. Prothero, der nach dem Mittagessen immer in diesem Zimmer schlief, mit einer Zeitung auf dem Gesicht. Aber nein, der stand mitten im Zimmer und sagte: »Feine Weihnachten, das!« und schlug mit einem Hausschuh auf den Rauch los.

»Ruft die Feuerwehr!« schrie Mrs. Prothero und schlug weiter den Gong.

»Die werden nicht da sein«, sagte Mr. Prothero, »es ist doch Weihnachten.«

Es war kein Feuer zu sehen, nur dichte Rauchwolken, und mittendrin Mr. Prothero, der mit seinem Hausschuh dem Rauch winkte, als dirigiere er ein Konzert.

»Tut doch was!« sagte er.

Und wir warfen alle unsere Schneebälle in den Rauch – ich glaube aber, wir verfehlten Mr. Prothero – und liefen hinaus aus dem Haus zur Telephonzelle.

»Rufen wir doch auch die Polizei an«, sagte Jim.

»Und die Erste Hilfe.«

»Und Ernie Jenkins, der mag Feuer so gern.«

Aber wir riefen nur die Feuerwehr an, und bald kam auch das Feuerwehrauto, und drei große Männer mit Helmen brachten einen Schlauch ins Haus, und Mr. Prothero ging gerade noch rechtzeitig aus dem Wege, ehe sie den Wasserstrahl andrehten. Kein Mensch hätte einen Weihnachtsabend mit mehr Krach haben können, und als die Feuerwehrmänner den Wasserstrahl wieder abstellten und im nassen, rauchigen Zimmer herumstanden, da kam Jims Tante, Miß Prothero, die Treppe herunter, steckte den Kopf herein und sah sie an. Jim und ich warteten, ganz still, um zu hören, was sie zu ihnen sagen würde. Denn sie wußte immer das richtige Wort. Sie sah die drei großen Feuerwehrmänner mit ihren glitzernden Helmen an, wie sie dastanden, umgeben von Rauch und verbranntem Holz und halbgeschmolzenen Schneebällen, und dann sagte sie: »Möchten Sie vielleicht etwas zu lesen haben?«

Und nun kommt aus diesem gleißendweißen Schneeball der verflossenen Weihnachten der Strumpf hervor, der Strumpf aller Strümpfe, der am Fußende des Bettes hing, so daß der Arm einer wuschellockigen Negerpuppe oben hervorbaumelte und unten in den Zehen kleine Glocken läuteten. Da war auch eine ganze Kompanie Soldaten drin, tapfer und scharlachrot, nur daß sie niemals gut schmeckte, obwohl ich sie immer zu kosten versuchte, als ich noch ganz klein war: Bleisoldaten mit Gurt und Bärenfellmützen und Musketen, Schulter an Schulter, die nur allzubald ihre Köpfe und Beine verlieren sollten, in den Kriegen auf dem Küchentisch, wenn das Teegeschirr, die Kekse und die Rosinenkuchen weggeräumt waren, die ich immer backen half, indem ich die Rosinen entkernte und aufaß. Und da war ein Säckchen mit feuchten, vielfarbigen Geleebonbons, die wie kleine Kinder aussahen, und eine eingerollte Flagge, und eine falsche Nase, und eine Straßenbahnschaffnermütze, und eine Maschine, die Fahrscheine lochte und dabei klingelte ... Aber niemals eine richtige Schleuder; einmal, durch einen Irrtum, den niemand erklären konnte, eine kleine Axt und ein Gummibüffel, oder vielleicht war es auch ein Pferd, mit gelbem Kopf und aufs Geratewohl herumschlenkernden Beinen; und eine Zelluloidente, die, wenn man sie drückte, einen ganz unentenhaften Ton von sich gab, ein miauendes Muhen, wie es vielleicht eine ehrgeizige Katze fertiggekriegt hätte, die als Kuh gelten will; und ein Malbuch, in dem ich das Gras, die Bäume, das Meer und die Tiere in jeder Farbe malen konnte, die mir recht war; und bis zum heutigen Tag grasen die blendendhimmelblauen Schafe auf der roten Weide unter einer Schar von regenbogenschnäbeligen und erbsengrünen Vögeln.

Der Weihnachtsmorgen war immer vorüber, noch ehe man Zeit hatte, Hans Schneemann zu sagen. Und, sieh da, auf einmal brannte der Pudding. Soll man nicht wieder den Gong schlagen und die Feuerwehr anrufen, und die bücherliebenden Feuerwehrmänner? Jemand fand im Kuchen das eingebackene silberne Dreipennystück mit einer Korinthe dran; und dieser Jemand war immer Onkel Arnold. Das Sprüchlein, das aus seinem Knallbonbon fiel, lautete:

Lasset uns alle jubeln, denn Weihnacht ist da,
Laßt uns spielen und singen und rufen hurra!

Und die Erwachsenen blickten dann immer zur Zimmerdecke hinauf, und Tante Bessy, die schon zweimal von einer automatischen Maus mit einem Uhrwerk erschreckt worden war, wimmerte am Büfett und trank ein wenig Holunderwein.

Und jemand stellte eine Glasschüssel voller Nüsse auf den überhäuften Tisch, und mein Onkel sagte ganz genau wie jedes Jahr: »Ich habe da eine Schuhnuß erwischt, hol mir einen Schuhlöffel, Junge, daß ich sie öffnen kann!« Und dann war das Essen vorüber.

Und ich erinnere mich, am Nachmittag des Weihnachtstages, wenn die anderen ums Feuer saßen und einander erzählten, daß dies gar nichts sei, nein, rein gar nichts, verglichen mit den großen, schneeverwehten, bratgans- und truthahnstolzen, julscheitknisternden, tannenreisigen und unter dem Mistelzweig küssenden Weihnachtsfesten, als *sie* noch Kinder waren, daß ich hinausging in Schulmütze und Schal und Handschuhen, mit meinen funkelnagelneuen, knarrenden Stiefeln; in die weiße Welt hinaus, auf den seeseitigen Hügel, um Jim und Dan und Jack zu besuchen und mit ihnen durch die schweigende Schneelandschaft unseres Städtchens zu wandern.

Wir gingen stapfenden Schrittes durch die Straßen und hinterließen gewaltige, tiefe Fußstapfen im Schnee, auf den verborgenen Gehsteigen.

»Ich wette, die Leute werden glauben, da sind Nilpferde gegangen.«

»Was würdest du tun, wenn du ein Nilpferd die Krönungsstraße herunterkommen sähst?«

»Ich? Ich würde so machen, bums! Ich würde das Nilpferd übers Geländer schmeißen und den Hügel hinunterrollen. Und dann würde ich es unter dem Ohr kitzeln, bis es mit dem Schweif wedelt.«

»Aber was würdest du tun, wenn du *zwei* Nilpferde sehen würdest?«

Eisengepanzerte brüllende Nilpferdhengste klapperten, polterten und dröhnten durch den aufspritzenden Schnee auf uns zu, als wir an Mr. Daniels Haus vorbeikamen.

»Werfen wir Mr. Daniel einen Schneeball als Brief in den Briefkasten.«

»Schreiben wir etwas in den Schnee.«

»Schreiben wir: ›Mr. Daniel sieht aus wie ein Spaniel‹ groß über seinen ganzen Rasen.«

»Seht her«, sagte Jack, »ich esse Schneekuchen.«

»Wie schmeckts denn?«

»Wie Schneekuchen.«

Oder wir gingen die weiße Küste entlang.

»Können die Fische sehen, daß es schneit?«

»Natürlich, die glauben, der Himmel fällt runter.«

Die schweigenden Himmel, die aus einer einzigen Wolke bestanden, trieben hinaus aufs Meer.

»Alle Hunde sind weg.«

Im Sommer jappten am Ufer Hunde von hundert vermengten Rassen und verbellten die zudringlichen Wogenkämme.

»Ich wette, für Bernhardiner wäre dieses Wetter jetzt aber gerade recht.«

Und wir waren schneeblinde Reisende, verloren auf den Bergen des Nordens, und die großen Hunde mit ihren Schwartenhälsen und Kognakflaschen sprangen auf uns zu und scharrten uns aus und bellten laut: »Branntwein! Marke Excelsior!«

Wir gingen heim, durch die verlassenen, armen Gassen, die zum Meer hinunterführten, wo nur wenige Kinder mit bloßen roten Fingern im tiefen, karrengleiszerfurchten Schnee herumscharrten und hinter uns eine Katzenmusik erhoben, mit Stimmen, die verhallten, als wir hügelan stapften und die Schreie der Hafenvögel laut wurden, und die Sirenen der Schiffe draußen in der weißen flockenwirbelnden Bucht.

Holt die großen alten Geschichten hervor, die wir am Feuer erzählten, als wir Kastanien rösteten und die kleingestellten Gaslichter rundum summten! Gespenster mit dem

Kopf unter dem Arm schleppten ihre Ketten nach und sagten: »Huhhh« wie Eulen in den langen Nächten, wenn ich es nicht wagte, über die Schulter zu sehen; wilde Tiere lauerten im Verschlag unter der Treppe, wo die Gasuhr tickte. »Vor vielen Jahren einmal«, sagte Jim, »waren drei Jungen, genau wie wir, die bei Nacht im Schnee ihren Weg verloren, hinter dem Bethaus auf dem Friedhof von Bethesda, und hört, was ihnen geschah ...«

Es war die schauderhafteste Geschichte, die ich je gehört habe.

Und ich erinnere mich auch, wie wir einmal von Haus zu Haus Weihnachtslieder singen gingen, ein, zwei Nächte vor dem Heiligen Abend, als auch nicht der leiseste Schimmer von Mondschein die geheimnisvollen, weiß durchwehten Gassen erhellte. Am Ende einer langen Straße war ein Weg, der zu einem großen Haus führte, und wir stolperten in jener Nacht durch die Finsternis hinaus, jeder einzelne von uns voll Angst, jeder für alle Fälle mit einem Stein in der Hand, aber wir alle zu tapfer, um auch nur ein Wort davon zu sagen. Durch die Alleebäume des Weges blies der Wind mit Stimmen wie von alten unheimlichen Männern, die vielleicht Schwimmhäute an den Füßen hatten und in Höhlen ächzten und keuchten. Wir erreichten den schwarzen gewaltigen Klotz des Hauses.

»Was sollen wir ihnen singen?« flüsterte Dan.

»Hört, die Engel singen schon? Weihnachten kommt nur einmal im Jahr?«

»Nein«, sagte Jack, »wir singen ›Der gute König Wenzeslaus‹. Ich zähle bis drei.«

»Eins, zwei drei«, und wir begannen zu singen, mit Stimmen, die hoch und weit entfernt klangen in der schneegetünchten Finsternis rund um das Haus, in dem niemand wohnte, den wir kannten. Wir standen eng nebeneinander, dicht vor der dunklen Türe.

Der gute König Wenzeslaus
sah am St.-Stephans-Feste ...

Und dann kam eine kleine trockene Stimme, wie die Stimme von jemand, der schon lange nicht gesprochen hat, und stimmte plötzlich in unseren Gesang ein: eine kleine trokkene Stimme von der anderen Seite der Türe: eine kleine trockene Stimme durch das Schlüsselloch. Und als wir wieder aufhörten zu rennen, da waren wir vor unserem eigenen Haus. Die große Vorderstube war einladend und hell. Das Grammophon spielte. Wir sahen die roten und weißen Ballons am Arm der Gaslampe hängen. Onkel und Tante saßen ums Feuer. Es war mir, als könne ich unser Abendessen riechen, das in der Küche gebraten wurde. Alles war wieder gut, und Weihnachten leuchtete durch die ganze vertraute Stadt.

»Vielleicht war das ein Geist«, sagte Jim.

»Vielleicht waren es Trolle«, sagte Dan, der immer Bücher las.

»Gehen wir hinein, und sehen wir, ob noch Wackelpudding übrig ist«, sagte Jack. Und das taten wir.

Erinnerung an einen Feiertag

Bankfeiertag im August. Eine Melodie auf einer Waffeltrompete mit Gefrorenem. Ein Schlag von Meer und ein Kitzel von Sand. Eine Fanfare von aufgehenden Sonnenschirmen. Ein Winseln und Jaulen von Badenden, die ins trügerische Wasser hineintanzen. Ein Schürzen von Rökken. Ein Hochrollen von Hosen. Ein Kompromiß von Paddlern. Ein Sonnenbrand von Mädchen und ein Lerchenstrich von Jungen. Ein schweigendes Holterdiepolter von Ballons.

Ich erinnere mich, wie mir das Meer Lügen erzählte, in einer Muschel, die eine volle harmonische hohle Minute lang an mein Ohr gehalten wurde, von einem kleinen nassen Mädchen, das ein enormes Badetrikot mit dem Stempel *Städtisches Eigentum* trug.

Ich erinnere mich, wie ich das letzte meiner feuchten Rosinenbrötchen mit einem Jungen und mit einem Löwen geteilt habe. Bräunlich und wild, mit grausamen Nägeln und gierigem Rachen biß und schlang der kleine Junge. Wild wie ein Mohnkuchen, wütend wie eine Matte vor dem Kamin nippte und nagte der deprimierte ungeziefergeplagte Löwe an seinem halben Brötchen wie eine Maus und rülpste in der traurigen Dämmerung seines Käfigs.

Ich erinnere mich an einen Mann, der aussah wie ein Ratsherr oder ein Büttel, rundhütig und kragenlos, einen Sack Erdnüsse in der Hand, und immer wieder und wieder schrie: »Hühott, Cowboy!« und dabei hoch in seinem Sitzkarussell schwindlig über die aufblickenden lachenden Gesichter der klirrend kecken Stadtmädchen hinwirbelte, und über die Gesichter der Jungen mit auswattierten Schultern und messerscharfen Schuhen. Und die Erdnüsse flogen durch die Luft wie gesalzener Hagel.

Kinder purzelten oder kreischten den ganzen Tag lang am Rande des glattglasierten oder dreinschlagenden Meeres, und die Dampforgel keuchte ihre Walzer auf dem fadenscheinigen Rummelplatz und auf dem leeren Baugelände hinter der Essiggemüsefabrik, wo im Autodrom die gummiumringten Rennwagen voneinander abprallten.

Die Mütter warnten laut ihre stolzen rosiggekleideten Töchter oder Söhne, diese Qualle da augenblicklich wieder loszulassen; und Väter breiteten Zeitungen über ihre Gesichter aus; und Sandflöhe hüpften auf den Picknicksalat, und irgendwer hatte das Salz vergessen.

Aus diesen immersonnenstrahlenden, regenlosen, träge lärmenden und himmelblau verflossenen Sommern fällt mir dieser freie Augustmontag ein, vom Sonnenaufgang über der fleckigen, königlichen Stadt bis zum heiseren Leiserwerden der Karussellmusik und zum Verlöschen der Karbidlichter des Strandjahrmarkts, vom ersten aufgewärmten Kartoffelkohl bis zum letzten sandbedeckten Sandwich.

An diesem Ferienmorgen war es nicht nötig, die langschläfrigen Jungen zum Frühstück herunterzuschreien. Sie stürzten aus ihren verdrückten Betten hervor, fuhren in ihre verknüllten Kleider, leckten im Becken des Badezimmers Hände und Gesichter nur hastig ab, vergaßen dabei aber nie, das Wasser lang und laut anhaltend laufen zu lassen, als wüschen sie sich wie Grubenarbeiter. Vor dem rings mit Zigarettenbildern besteckten zerbrochenen Spiegel in ihrem Schatzkammerschlafzimmer flitzten sie mit einem zahnlükkigen Kamm durch ihr säuerliches Haar, und mit leuchtenden Wangen und Nasen und mit Wasserstandszeichen am Hals stürmten sie die Treppe hinab, drei Stufen zugleich.

Aber sosehr sie fuhrwerkten und hasteten, auf dem Treppenabsatz schrien, am Waschbecken nur leckten und mit der Zahnbürste nur einen einzigen Strich führten, das Haar durchflitzten und die Stufen übersprangen, ihre Schwestern waren doch immer schon vor ihnen unten. Sie waren mit Frau Lerche aufgestanden, sie hatten sich geputzt und verschönt und geplättet und herausgemausert; und selbstzufrieden in ihren blühenden Kleidern, bebändert für die Sonne, in Tennisschuhen so weiß wie eigens geputzter Schnee, sauber und töricht, halfen sie in der übervölkerten Küche mit Untertassen und Tomaten. Sie waren ruhig, sie waren tugendhaft, sie hatten gewaschene Hälse, sie rückten nicht hin und her, sie zappelten nicht, und nur die kleinste Schwester streckte den lärmenden Jungen die Zunge heraus.

Und die Frau, die nebenan wohnte, kam in die Küche und sagte, ihre Mutter, ein uraltes ungewisses Wesen, das einen Hut mit Kirschen trug, habe wieder »einen von ihren Tagen« und habe ausgerechnet an diesem selben Feiertagsmorgen darauf bestanden, ein Photoalbum und die Obstschale aus Kristallglas aus der Guten Stube den ganzen langen Weg bis zur Tramwayhaltestelle zu tragen.

Das war der Morgen, an dem Vater ein Loch in der Thermosflasche flickte und dabei drei neue machte; an dem die Sonne der Butter den Krieg erklärte und die Butter davonlief; an dem die Hunde, die doch alle Hinterhöfe mit ihren großartig süß duftenden Mülleimern zur Verfügung gehabt hätten, um mit den Schwänzen zu wedeln und sich zu beschnuppern und zu zanken, in der bedrängten Küche ihrem eigenen Schwanz nachzulaufen begannen, die Badeschuhe schüttelten, nach Fliegen schnappten, zwischen Beinen durchschlüpften, unter den Handtüchern zu scharren begannen und sich lächelnd auf Picknickkörbe setzten.

Und wenn man an einigen der offenen Haustore vor einigen der Häuser in unserer Straße gelauscht hätte, so hätte man vielleicht hören können:

»Onkel Owen sagt, er kann den Flaschenöffner nicht finden ...«

»Hat er schon unter dem Schirmständer auf dem Flur nachgesehen?«

»Willi hat sich in den Finger geschnitten ...«

»Hast du deinen Spaten?«

»Wenn nicht bald irgendwer diesen Hund umbringt ...!«

»Onkel Owen sagt, warum soll denn der Flaschenöffner unter dem Schirmständer sein?«

»Nie wieder! Nie wieder ...!«

»Ich weiß doch, ich hab den Pfeffer doch eben erst irgendwo hingetan ...«

»Willi blutet ...«

»Schau, da ist ein Schnürsenkel in meinem Eimer.«

»Ach mach schon, mach schon endlich ...!«

»Ja? Sehen wir uns doch den Schnürsenkel in deinem Eimer mal an ...«

»Wenn ich diesen Hund zu fassen krieg ...!«
»Onkel Owen hat den Flaschenöffner schon gefunden.«
»Willi blutet auf den Käse.«
Und die Tramways, die wie Gänse zischten, brachten uns alle hinunter an den herrlichen Strand.

Da gab es Kricket im Sand und Sand im Kuchen, Sandfliegen in der Brunnenkresse und faule maultierfromme Esel, die sich unwillig reiten ließen. Mädchen zogen sich in hinfälligen Zelten aus Wohlanständigkeit aus; unter unsichtbaren Schirmen rüsteten sich wohlbeleibte Damen für das männliche unmoralische Meer. Winzige nackte Erdarbeiter gruben Kanäle, Kinder mit Spaten ohne Ehrgeiz bauten vergängliche Burgen. Flederwische von jungen Männern pfiffen draußen vor den Badehütten beträchtlichen jungen Damen zu, oder auch Hunden, die sich inniger nach geworfenen Steinen sehnten als nach Elefantenknochen. Störrische Onkel versammelten sich bei lauwarmem Bier unter tigergestreiften Sonnendächern. Mütter in Schwarz keuchten wie wackelnde Berge unter den abgelegten Kleidern von Töchtern, die mit kreischender Tapferkeit die koboldhaften Wellen herausforderten. Und Väter gönnten sich in der alljährlich einmaligen Sonne ein ausgiebiges Nickerchen. Ach, all die Nickerchen längs des papiertütigen Strandes!

Lakritze und walisische Herzen schmolzen, und die harten Zuckerstangen, an denen wir alle sogen, sahen aus wie buntlackierte Grenzpfähle aus Rhabarber.

Und die Wogen rollten heran und trugen Gummienten und Büroangestellte. Ich erinnere mich an den geduldigen, mühsamen und liebenswürdigen Zeitvertrieb oder Beruf, nahe Angehörige im Sand zu begraben.

Ich erinnere mich an das fürstliche Vergnügen, Sand aus Eimern oder aus der hohlen Hand in Kragen oder Kleiderausschnitte rieseln zu lassen; an das Kreischen und Schütteln und an den Klaps.

Ich kann mich an den alleinstehenden Jungen erinnern, an den einsamen Strandwolf, der am Rande einer Familienkricketpartie hungrig herumstrich, an den ohne Freunde im Gelände Verlorenen, der weder zum Kricket noch zum Tee eingeladen wurde.

Ich erinnere mich an den Geruch von See und Seetang,

von nasser Haut, nassem Haar, nassen Schwimmtrikots, an den warmen Geruch eines Kaninchenfells nach dem Regen, den Geruch von Sodawasserlimonade und bekleckerten Sonnenschirmen und Karamelbonbons, an den Stall- und Streugeruch von heißem, hin und her geworfenem durchwühlten zergrabenem und zertretenem Sand, und an den Alkohol- und Gaslampengeruch, diesen Samstagabendgeruch, der aus dem bauchigen Bierzelt kam, wenn auch jetzt die helle Sonne schien, an den Essiggeruch auf den ausgelösten Meerschnecken, an Muschelgeruch und Krebsgeruch, an den öligtröpfelnden Hintergassenwintergeruch von Bratkartoffeln in Zeitungspapier, an den Geruch der Schiffe an den sonnenbetäubten Werften im Winkel hinter den Sandhügeln, an den Geruch der bekannten und durchpaddelten See, die sich dahinwälzte, voll von Ertrunkenen und Heringen, hinaus und weit weit weg, und immer noch weiter, bis zu den Antipoden, die ihre Koala-Bären und Maoris, ihre Känguruhs und Bumerangs verkehrt über die Rückseite der Sterne hingen.

Und der Lärm des strampelnden Kasperle und des fallenden Krokodils; und eine Uhr, die schlug, aber in der menschenleeren Stadt keine Zeit verkündete, und dann und wann eine Glocke von einem verlorenen Turm. Oder ein Zug räusperte sich auf der Bahnstrecke hinter uns; und immerzu das hoffnungslose hungergierige Fluchen und Zureden der Möwen; Eselschrei und Händlerruf, Harmonikas und Spielzeugtrompeten, Brüllen und Lachen und Singen, das Tuten der Schlepperboote und Frachtdampfer, das Klikken des Platzkartenlochers des Strandsesselwärters, das Husten des Motorboots draußen in der Bucht, und das gleiche Loblied und das gleiche Waschen des Meeres, das schon in der Bibel zu hören war.

»Könnte es doch nur, könnte es doch nur ...!« haben deine Lippen gesagt, wieder und wieder, als du im kaminheißen Sand Verliese grubst, Garagen, Folterkammern, Eisenbahntunnels, Arsenale, Hangars für Zeppeline, Hexenküchen, Vampirwohnungen, Schmugglerkeller, Trollkneipen und Kanäle, alles unter einem gewichtigen und rissigen Sandschloß, »Könnte es doch nur immer und ewig so bleiben! Amen«. Der Augustmontag auf der ganzen Welt, von Mumbles, wo die Tantchen wuchsen wie Damen auf einem Uferbaum, bis zum braunbärenumarmten Hentyland und den schildgekröteten Ballantyneinseln.

»Ob Esel aufs Eis gehen könnten?«

»Nur wenn sie Schlittschuhe tragen!«

Wir schnallten einem sanften, leise klagenden Esel Schlittschuhe an und galoppierten auf ihm davon, hinter den drei Meter langen kanadischen Polizeireitern mit Muskeln wie der Riese Atlas, mit ihren Gewehren und ihrem Pemmikan, die in den Weißen Wüsten, wo der Goldrausch stattfand, ihren schwarzbärtigen schwarzflüchigen Verbrecher jedes Mal zu fassen kriegten.

»Gibt es Esel auf Wüsteninseln?«

»Nur so eine Art Esel.«

»Was heißt das, so eine Art Esel?«

»Eingeborenenesel. Auf denen jagen sie irgendwas!«

»Was?«

»Walrosse und Robben, und so Zeugs.«

»Esel können nicht schwimmen!«

»Diese Esel können aber schwimmen. Sie schwimmen wie Wale. Sie schwimmen wie nur was, sie schwimmen wie ...«

»Lügner!«

»Selber Lügner!«

Und die zwei kleinen Jungen rauften und balgten sich feurig und lautlos im Sand und rollten sich zu einer Kugel aus lauter Beinen und Gesäßen. Dann gingen sie und sahen die Pierrots oder kauften Vanilleeis.

Diese unverdorbene, ungebrochene, kochende Schönheit eines gemeinsamen Tages durchstrolchten und durchstrahlten große Götter, mit Hosenträgern über den Westen, spuckten Kerne aus, bliesen Rauch nach Westen, schluckten und äugten, vergaßen ihre Miete, umarmten sich, standen Schlange um ein Bitte-recht-freundlich-Bild, waren grob, hatten regenbogenfarbene Achselhöhlen, blinzelten Mädchen zu, rülpsten, gaben den Rettichen die Schuld, sahen nach Ilfracombe hinüber, spielten Hymnen auf Seidenpapier und einem Kamm, schälten Bananen, kratzten sich, fanden Seetang in ihren Panamahüten, bliesen Papiertüten auf und zerknallten sie und waren wunschlos.

Aber mehr als an den ganzen herrlichen Strand erinnere ich mich an die Kinder, die spielten, an die Jungen und Mädchen, die purzelten, springlebendige Edelsteine, so glücklich, wie sie vielleicht nie wieder sein würden. Und ›glücklich wie ein Junge im Sand‹ ist ein Wort, das so wahr ist wie die Hitze der Sonne.

Die Abenddämmerung senkte sich nieder oder wuchs auf, aus dem Sand und aus der See, oder sie ringelte sich um uns aus den rufenden Werften her, und aus der blutigroten rauchenden Sonne. Der Tag war vorüber, der Strandsand wurde plötzlich gefegt und aufgerührt von einem Seebesen aus kaltem Wind.

Und wir sammelten alle Spaten und Eimer und Tanten und leeren Eßkörbe und Flaschen, Regenschirme und Fischnetze, Schläger und Bälle und Strickzeug, und gingen – hör doch, Vati! – zur Kirmes in der Dämmerung auf dem kahlen Feld am Ufer.

Rummelplätze hießen nichts bei Tag; da waren sie bloß schäbig und müde, und die Stimmen der Hopplamädchen waren gepreßt, wie von Rädern, die Sprachstunden genommen haben. Keine Kanonenkugel konnte die schlafenden Kokosnüsse aus ihrem Nest werfen. Die Gondeln wiederholten nur mechanisch ihr nüchternes Schlingern. Die Todeswand war so sicher wie ein Kinderwagen, die hölzernen Tiere warteten auf die Nacht.

Aber in der Nacht krächzten die Hopplamädchen wie Opernraben den aufsteigenden Mond an, da gab es ein Schwirren und Wirbeln und Zehn für fünf Groschen! Die Kokosnüsse regneten aus ihrem Sägemehl wie Birkhühner aus einem schottischen Hochlandshimmel, und betrunken schwankten die greisenköpfigen Gondeln auf schwindligen Schienen, und die Todeswand mit ihren waagrecht fahrenden Motorrädern war ein wirbelnder Rand des kreisenden Untergangs, und die wiehernden Holzpferde setzten zu einer gespenstigen wilden Jagdmusik über tausend Wildbäche hinweg, leicht und frei wie hufbeschlagene Schwalben.

Wenn wir uns in der Dämmerung von der Küste her dem Rummelplatz näherten, hörten wir sonnenverbrannten sandkörnerhaarigen Jungen über dem Singsang der schwimmerlosen See die Sirenenstimmen der rauhen pferdewiehernden Budenmänner:

»Hereinspaziert, hereinspaziert!«

»Alles hereinspaziert!«

In ihrem Zelt und in ihren Wülsten von Fleisch saß die dickste Frau der Welt, nähte an ihrem Winterkostüm, das ein zweites Zelt war, und starrte mit ihren kleinen Äuglein, Schwarzbeeren in kaltem Pudding, nach den Skeletten, die da vorbeizogen und vorbeikicherten.

»Hereinspaziert! hereinspaziert! Alles hereinspaziert! Hier sehen Sie die größte Ratte der Welt! Den Kolossus oder Goliath aller Ungeziefer!«

Da trieb sich auch das kleinste Pony herum, eine Art Shetlandmaus. Und da galoppierten »die intelligentesten Flöhe«, dressiert, gezäumt, gezügelt, zierlich in ihrer Glasarena umher.

Runde Galerien, Schießbuden, Stände; die Groschen brannten Löcher in Hunderte Taschen.

Bleiche junge Männer mit eingefettetem Haar und valentinoschwarzen Backenbärten, mit an die Unterlippe geklebten Zigaretten, schielten an schiefkörnigen Gewehren entlang und zielten auf Pingpongbälle, die auf Springbrunnen tanzten.

In messerscharfen silbergrauen rockähnlichen Oxfordhosen und ärmellosem scharlachrotem zippverschlossenem Hemd mit gelben waagrechten Streifen spuckte ein Bergarbeiter sich vor dem Kraftmesser in die Hände, hob den Hammer hoch und schlug damit einen richtigen Thorschlag auf die Maschine. Die Glocke läutete Götterdämmerung.

Vor seiner Bude stand ein Boxer mit zerkauten Ohren und einer Brust wie ein Scheunentor, mit einer Nase wie eine drehwüchsige Rübe mit Haaren, die schon bei den Augenbrauen begannen, und mit drei Zähnen, gelb wie Kamelzähne, und lud jeden Sportsmann zu einem raschen und lebensgefährlichen Boxkampf im sandigen Ring ein, und zu einem Pfund Belohnung, wenn er es eine Runde lang aushalten könne. Und sehnig, hahnensicher, breitbeinig, kohlengrubennarbig oder besoffen stolzierten Sportsmänner dutzendweise hinein und kamen schwankend wieder heraus, und diese drei Zähne blieben immer noch übrig, angeknabbert und kamelgelb im rissigen Treibholzgesicht.

Bekleckerte und schwarzbierdurstige Mütter mit irgendwelchen Hüten, feindseligen Hutnadeln, aus der Form gegangenen Haarknoten, platzenden Einholtaschen und Kindern, die an ihren Rockschößen hingen wie sodawassergefüllte marmeladebeschmierte Saugmuscheln, kreischten vor Zerrspiegeln, als sie ihre plötzlich spitz zulaufenden oder röhrenförmigen Leiber und riesigen Luftballonköpfe sahen, und die Kinder jaulten lustig ihren eigenen Schreckspiegelbildern zu, die im Glas aufquollen oder einschrumpften.

Alte Männer, die rochen wie der Hafen von Milford bei Regenwetter, schoben sich bettelnd und überredend an den Rändern der lebenslustigen Schar herum und hatten nichts zu verkaufen als eine Handvoll feuchtes Konfetti.

Ein waghalsiges Wegelager von Schuljungen, die sich sicherheitshalber Schulter an Schulter hielten, die Trilbyhüte ihrer Väter verzweifelt schief über dem einen Auge, zwinkerte und pfiff der Prozession immer zu zweit Arm in Arm an den Schaukeln vorüberziehender Mädchen zu. Eine war immer adrett und hübsch, und die andere trug immer Brillen.

Mädchen in Geisterbahntunnels voller Schädel und gekreuzter Knochen kreischten und wurden getröstet.

Junge Männer, die aus einem oder mehreren Biergläsern Heldentum getrunken hatten, standen auf den Sitzen der fliegenden Sesselkarusselle, zerzaust, dunkelrot im Gesicht und völlig vorschriftswidrig.

Übermütige Mädchen gaben Matrosen die entsprechenden Antworten.

Die ganze Jahrmarktslustigkeit in der heißen, blasenwerfenden Nacht. Der Mann im samtgelben Mond über dem Tohu-heißawabohu. Die Schaukelboote, die hin- und herschwammen wie aus dem Mond geschnittene Scheiben. Drachen und Greifenpferde am Bugspriet der Gondeln spien Feuer und Pökelbrühe. Mitternachtskarussellfahrer, die unter den Karbidlampen dahingaloppierten. Reiter und Wilde Jäger auf Ziegenböcken und Zebras mit Halali unter einem Lichtkreis von Glühwürmchen.

Und als wir den gaslaternenerleuchteten Hügel hinaufstiegen, heimwärts zu den stillen Häusern über der murmelnden Bucht, hörten wir die Musik sterben und die Stimmen zu Sand verwehen. Und wir sahen die Rummelplatzlichter ersterben, verbleichen; und weit am anderen Ende des Uferfeldes zündeten sie in den Zirkuswagen die Lichter an, eines nach dem anderen.

Wie man eine Geschichte anfängt

Wie man eine Geschichte anfängt, hängt nicht so sehr davon ab, was man unter einer Geschichte versteht, wie von der Geschichte selbst und von dem Publikum, für das sie bestimmt ist. Daß sich das von selbst versteht, muß mich keineswegs davon abhalten, es zu sagen: denn was ich hier sage, sind nur Randglossen zu einem Traktat, zu einer Abhandlung, die nie geschrieben werden wird, und sind so frei wie die Londoner Luft, wenn auch nicht so dreckig.

Es wäre zum Beispiel falsch, wenn auch noch so angenehm, eine Geschichte für KLEIN-TIMMIS WOCHENBLÄTTCHEN im Stil eines sentimental wilden, ungehobelt abgebrühten amerikanischen Unterweltromans anzufangen, gesalzen mit Sex-Slang, gepfeffert mit Blei, gezuckert mit steifen Leichnamen und randvoll von Zigarren und Zuckerpüppchen: das ist die Art Roman, unter dessen harter und bösartiger Hülle kein embryonischer Raubvogel lauert, weder der große Chikago-Alk, noch der sagenhafte Vogel Rock von Brooklyn, sondern ein zurückgebliebener scheuer und schäbiger Hinterwäldlerspatz, der nach Krumen und Kumpels tschilpt. Diese schneidigen, schneidenden, zigarrenkauenden Barmädchenschinderschänder und antisozialen bösen Lebesäuglinge, die in Gangsterfilmen aus jüngster Zeit in irgendeinem ufalichten Augenblick im Schlachthaus, auf dem Rangierbahnhof oder in der Todeszelle gestehen, daß sie sich leider schon immer so irgendwie allein gefühlt haben, und daß niemand sie liebgehabt hat, sogar schon ganz im Anfang nicht, im kleinen idyllischen alten Nest Blutville im Wilden Westen, und daß es alles angefangen hat, als ihre quartalssaufenden zweiten Stiefmütter sie auf das offene Feuer gesetzt haben, weil sie ihre Gebete gesagt hatten ... Nein, diese psychopathischen Gorillas, die bis über die Kiemen mit Kokain vollgestopft sind, haben keinen Raum im Kosmos des kleinen Timmi, sosehr der kleine Timmi selbst davon begeistert wäre.

Der Verfasser von Kindergeschichten sollte auch eigentlich nie, unter keinerlei Umständen, gefühlsmäßig oder atomzeitgemäß, mit einer fluchstrotzenden urlauten Beschreibung einer Razzia der Sittenpolizei in einer halsabschneiderischen Lasterhöhle für in Ruhestand getretene alte Schießprügelknaben beginnen. Es geht ganz in Ordnung, eine Kindergeschichte mit einem Gespräch zwischen Ratten zu beginnen; aber es sind immerhin nur ganz bestimmte Arten von Ratten erlaubt.

Noch auch sollte der Verfasser einer Geschichte, die für einen gesicherten, sensationsunlustigen Markt in der Provinz bestimmt ist und die Geburt, die Erziehung, das finanzielle Auf und Ab, die Hochzeiten, Ehezerwürfnisse und Tode von fünf Generationen einer Familie von baumwollwebenden Lancashireleuten schildert, beispielsweise mit dem James Joyceschen Inneren Monolog eines idiotischen Schnittwarenhändlers anfangen, der in einem Aufzug voller Motten steckengeblieben ist, und auch nicht mit einer niedlichen Szene in Hoppski-Hupfsprungstadt oder im Eiderdaunenland, die Brüllum, den Löwen darstellt, und Haltet, den Tiger. Der Mann, der eine Geschichte für ein populäres Magazin für Mädchen, *Myrtles Blatt* oder *Pamelas* (oder vielleicht heißt es heute schon *Gretas* oder *Ingrids*), mit einer subtilen Analyse des Seelenzustandes eines neurotischen jungen Schriftstellers beginnt, der in einer leerstehenden Armeehütte ein Stelldichein mit einer Phobie hat, wird seine Geschichte nie an die Frau bringen. Er ist verurteilt zu ewiger Einmauerung in Zeitschriften mit einem Leserkreis von siebzehn Dichtern und einer Dame, die einmal die Tante Franz Kafkas gekannt hat.

Nun wollen wir in aller Kürze doch wenigstens einige wenige der vielen besonders beliebten Anfänge für Geschichten ins Auge fassen und sehen, ob wir ihnen ein wenig neues Leben einflößen können.

Also zunächst einmal Schulgeschichten: Nicht die langweiligen von den Hemmungen und Triebregungen sensitiver Pflänzchen und zurückgebliebener Söhne und vom ersten Morgendämmern der Liebe und Shelleys im erwachenden Geist, sondern die guten oder schlechten alten Geschichten, die von Tee und Milchbrot im gemütlichen

Studierzimmer handeln, von mitternächtigen Freßorgien bei Kerzenschein im Schlafsaal der Schule, wo der Lehrer auf dem Rundgang nicht hingekommen ist, von aufregenden Fluchtabenteuern mit aneinandergeknoteten Betttüchern zu Zirkussen und Rummelplätzen, deren Besuch verboten ist, von den unbarmherzigen Streichen und Foltern, denen unbeliebte Lehrer und unbegüterte komische Neulinge unterzogen werden, von der Austreibung lasterhafter Mitschüler, die dabei ertappt wurden, wie sie unten auf dem abgelegenen kleinen Spielplatz rauchten – arme kleine verderbte Maltraverse, die unter ihren späteren Wüstlingsaugen schon die dunklen Ringe haben – und von all den Skandalen und banalen Pennälerkriegs- und -schachzügen phantastischer altersloser Jungen.

Die lautmalerischen, juwelenbesetzten, magnetischen, altehrwürdigen Anfangszeilen sind unübertrefflich:

»Uiiiiiiih!«

»Laß los!«

»Aauuutsch!«

Und dann natürlich:

»Diese Rufe erklangen mit Stentorstimme auf dem Korridor der Oberen Kruste.«

Der Neuling sollte jede Schulgeschichte ohne Ausnahme getreulich mit diesen Worten beginnen.

Im nächsten Satz muß er dann seine Hauptpersonen einführen, eine Bande kühner, atemloser, zu lauten Ausrufen neigender, tintenbekleckerter, ekliger, mit Zunamen von Charles Dickens versehener Jungen mit schiefsitzenden Schulmützen, ungemachten Hausarbeiten, Feldmäusen und Meerschweinchen in ihren Schulpulten, Papiergeschossen in den Taschen, und mit barbarischen, dabei aber harmlosen Flüchen auf den unrasierten Lippen.

Aber wir wollen ein neues Element einführen:

»Uiiiiiiih!«

»Laß los!«

»Aauuutsch!«

Diese Rufe erklangen mit Stentorstimme auf dem Korridor der Oberen Kruste, als Tom Lustig und seine unzertrennlichen Gefährten, die im ganzen Eulenhorst als die »Fünf Schmutzfinken« bekannt waren, Arm in Arm aus

Mrs. Motherwells Freßladen unweit der Schule hervorstürzten.

Da haben wir nun einen Anfang, der konventionell ist, dabei aber doch gebieterisch Interesse fordert. Der Leser ist uns auf Gnade oder Ungnade ausgeliefert, und wir können innerhalb des festgesetzten Rahmens und bloß auf die lautesten, nichtssagendsten und gebräuchlichsten Worte gestützt, spannende Ereignisse beschreiben, wie etwa die Gründung des Selbstmörderklubs von Eulenhorst durch Tom Lustig, oder die Konstruktion einer persischen Wasserpfeife im Stiefelputzloch.

Dann gibt es natürlich die Geschichte, die das Landleben schildert. Ich meine selbstverständlich nicht die deprimierende Erzählung, die vier endlose Jahreszeiten hindurch weitergeht und von schwerer Arbeit und wetterfester Liebe auf einer abgelegenen Farm in jenem Teil der Grafschaft Sussex handelt, wo man vor lauter Schreibmaschinengeklapper nicht die Drosseln singen hören kann. Ich meine auch nicht den erdschweren düngergehäuften Bericht, ausgestopft mit landwirtschaftlichem Wissen und Naturkunde, gepaart, wenn das das richtige Wort ist, mit nur allzu genauen Beobachtungen tierischen Verhaltens, mit einem Backenbart von Charakterfiguren versehen und durchsetzt mit unverständlichen Fetzen von Volksliedern, alles in allem so lustig wie ein Stiefel; nicht so eine Beschreibung, wie ein Literat mittleren Alters das wirkliche ländliche Land und zugleich seine Seele entdeckte, Preis achteinhalb Shilling. Nein, ich meine *die* Art Geschichte, die in einem kleinen irrsinnigen Gebiet von Wessex spielt, voll von heiligen oder tadelnswerten Landpredigern, zügellosen Jungfrauen, bibelfesten Totengräbern und alten Männern namens Petersilie oder Tobacksrest. Stellen wir uns einmal einen typischen Anfang dafür vor:

»Mr. Runkelrübe stand auf einem Hügel, der einen Ausblick auf das Dorf Oberstübchen gewährte, und sah, daß irgend etwas in dem Dorf nicht stimmte. Mr. Runkelrübe war ein Maulwurfsfänger im Ruhestand. Er war in den Ruhestand getreten, weil er alle Maulwürfe gefangen hatte. Es war ein herrlicher Wintermorgen, und im Himmel schwebten kleine Wolken wie Maulwurfshaufen. Mr. Runkelrübe fing ein Kaninchen, brachte ihm das Abc bei, ließ es wieder laufen und spazierte langsam den Hügel hinab.«

Da haben wir den Schauplatz und die Stimmung der Geschichte schon untrüglich festgelegt und haben in aller Kürze schon gründlich Bekanntschaft mit Mr. Runkelrübe geschlossen, einem Freund und Erzieher der Tiere.

Der Durchschnittsleser – jener sagenhafte Kretin – weiß nun, was ihm bevorsteht: Mr. Runkelrübe, dieses angeknackste, dabei aber kosmische Symbol für irgend etwas, wird in diesem verrückten Dorf mit seiner ländlichen Mundart, seinen Dorftrotteln und nach Maß angefertigten Predigten seine Untersuchung des unwirklichen Landlebens vornehmen.

Jeder einzelne in dieser überlegt komponierten bukolischen erbaulichen Geschichte hat seine – oder ihre – fixe Idee. Minnie Wurzel will nur den Prediger haben; der Prediger, Pastor Rappel, will nur den Geist des Dichters William Cowper haben; der soll in sein braunes Studierzimmer kommen und ihm das Gedicht *Die Aufgabe* vorlesen. Der Totengräber will Würmer haben, die Würmer wollen den Pastor haben. Junge Lämmer tollen auf diesen unmöglichen Hügeln frohlockend umher und benehmen sich schafsmäßig, unter dem allsehenden Auge Onkel Teekessels, des himmlischen Kesselflickers. Grausame Bauern verfolgen alte Kuhhirten namens Landbrot, die den ganzen Tag lang zu den Kühen reden. Kühe, die das Gerede von Kuhpockenimpfung, an dem sie nicht teilnehmen können, satt haben, spießen auf echt weibliche Art die bejahrten Verwandten der grausamen Bauern auf ihre Hörner auf. Es ist alles sehr gemütlich im Dorfe Oberstübchen. Wenigstens denkt so jene schwachsinnige Sagengestalt, der Durchschnittsleser.

Der Anfänger, der eine Geschichte dieser Art zu schreiben anfängt, würde gut daran tun, zu …

Ich sehe aber, daß ich wenig oder gar keine Zeit mehr habe, diese Anweisung *»Wie man eine Geschichte anfängt«* fortzusetzen. Wie man eine Geschichte zu Ende bringt, das ist natürlich etwas ganz anderes, aber *eine* Art, eine Geschichte zu Ende zu bringen, lautet etwa:

Ansager: das war Dylan Thomas, der erzählte: »Wie man eine Geschichte anfängt«.

Die Krumen von eines Mannes Jahr

Schaukelnd wie in einer Hängematte oder in einer Windstille zwischen einem für immer vergangenen Weihnachtsfest und einem nahen neuen Jahr voll unerbittlicher Überraschungen, spähe ich launisch und fröhlich zurück auf diese runzelziehenden zwölf Monate und sehe nur einen tanzenden Zipfel der schwipsüber kopfstehenden Zeiten, ein Blinken von Aussichten, ein irres Lichtern von sonderbaren Schwärmern, und Flicken und Flecken aus der Singvogelperspektive.

Von dem, was im neuen Jahr kommt, weiß ich nichts, außer, daß alles, was kommen muß, kommen wird wie Donnerschläge, oder wie Kometen in Gestalt vierblättriger Kleeblätter, und daß alles Unvorhergesehene mit der Sicherheit der Sonne erscheinen wird, die jeden Morgen im Himmel ein Tanzbein schwingt; und von dem, was vergangen ist, kenne ich nur tändelnden Tand, nichtsnutzige Flicken und sommersprossige Decken, Flecken und Schecken, Blendwerk und Schaum; eine einfache Sekunde, gefangen im jagenden Schneelicht, einen Augenblick, lustig oder traurig, und nun reglos in der Kurve seines Fluges festgehalten wie ein Vogel oder wie eine Sichel; nur das Wellenschaumblatt und den verwischten Papierwirbelwind, und Trab und Trubel und Menschenrennen der Rennbahn von jedermanns Straße; und wie der groteske Wind an einer Ecke die Kleider einer Passantin zerschneidet und gefrieren läßt, so daß sie in der Erinnerung stehenbleibt, kalt und still, bis die Welt verlischt wie ein Nachtlicht in einem Kinderzimmer; und ein paar watschelnde kleine Ereignisse, komisch wie Enten, die ihren Weg durch unsere verhängnisvollen Tage schnattern; Strichelchen, Pünktchen und Tüttelchen.

»Blick zurück, blick zurück«, schmettern die großen Stimmen, »blick zurück auf das schwarze, gewaltige Jahr.« Und dazwischen hör ich die volle Musik fanfaren und totenmarschieren.

Ich kann euch nur ein paar Krumen von eines Mannes Jahr streuen, und die Musik der Groschenpfeifen.

Jede Erinnerung aus dem langen kreisenden Jahr ist gut genug, um anzufangen. Ich ging an einem Nachmittag im August an einem Flußufer entlang und dachte dieselben Gedanken, die ich immer denke, wenn ich im August an einem Flußufer entlanggehe. Ich ging und dachte: Jetzt ist es August, und ich gehe an einem Flußufer entlang. Ich denke nicht, daß ich noch an irgend etwas sonst dachte. Ich hätte eigentlich daran denken sollen, was ich eigentlich hätte tun sollen. Aber ich dachte nur an das, was ich im Augenblick tat, und das war recht so: Es war gut und einfach und langsam und träge und alt und sicher, und was ich tat, das hätte ich tausend Jahre zuvor auch tun können, wenn ich damals gelebt hätte und ich selbst oder irgendein anderer Mensch gewesen wäre. Man hätte denken können, der Fluß läutere – fast hätte man die grünen hastigen Glokken in ihm singen gehört: Es hätte der Fluß Elusina sein können, »der tanzet zum Schalle der Musik, denn nach der Musik schlägt er Blasen, tanzet und wird wieder sandig, und so geht es weiter, bis daß die Musik aufhört ...« Oder es hätte der Fluß sein können, »in Judäa, der da eilends dahinfließt alle sechs Tage der Woche, aber stillesteht und rastet an ihrem Sabbattag«. Dort blühten Bäume und standen und wuchsen und wußten, und ich wußte nicht einmal ihre Namen. (Einmal habe ich sogar mit einem Freund ein Gedicht geschrieben, das fing an: »Alle Bäume sind Eichen, nur nicht die Föhren.«) Dort machten sich Vögel zu schaffen oder schlaf-flatterten im Himmel. (Das Gedicht ging weiter: »Alle Vögel sind Rotkehlchen, nur nicht die Krähen und Raben.«) Die Natur tat, was sie eben tat, und genau das dachte sie nun auch. Und ich ging und dachte, daß ich ging, und für August war der Tag gar nicht so kalt. Und dann sah ich auf dem Wasser ein Stück Papier treiben. Und ich dachte: »Vielleicht steht auf diesem Papier etwas Wunderbares.« Ich war allein auf der Welteilandmutter Erde, oder allein im Umkreis von zwei grünen Meilen, und eine Botschaft trieb auch mich zu, auf dem katzenscheckigen Wasser, das mitten durch die kuhfleckigen, muhenden Felder floß. Es war eine Botschaft aus dem vielfältigen Nirgends an mein einsames Ich. Ich streckte meinen Stock aus und fischte das Papier und hielt es dicht ans Ufer. Es war ein Blatt aus einer sehr alten Zeitschrift. Soviel konnte ich sehen. Ich beugte mich vor und las unter Wasser die Botschaft auf dem wellenschlagenden Blatt. Ich entzifferte mit Mühe nur einen Satz. Er verzeichnete die Tatsache, daß vor über hundert Jahren ein Mann in Worcester um einer Wette willen auf einen Sitz zweiundfünfzig Pfund Pflaumen gegessen hatte.

Und jede Erinnerung aus dem langen kreisenden Jahr ist gut genug, um fortzufahren.

Hier in meiner Erinnerung kommt nun der friedliche Blitzkrieg, und es kommen die Brandstücke des 5. November, des Feuerwerktages zum Andenken an Guy Fawkes, den Blitzkerl, und Kerle auf den Straßen und Blitze im Himmel, als Feuerräder und Hänschen-hüpf-mal-Knallfrösche und freundliche Bomben an bombenverwüsteten Stellen platzten. Die steilen Raketen sind nur wenige, aber sie sternen zwischen den Dächern hin und auf zur Wand der windlosen, krieglosen Nacht. »Einen Groschen für den Strohmann?« – »Ach wo, Mann! Das ist mein Vater.« Der große Spaß brenzelt und brutzelt. Der Hundsstern explodiert im Hinterhof beim Bunker. Furchtsame Damen sitzen in ihren Hinterstübchen vor dem Radio und hören ganz laut das schwärzeste Mitternachtsprogramm. Scheue Männer knirschen unter der Bettdecke. In den ungekämmten Gärten der Schwerreichen entzündet der Zweite Kammerdiener einen Schwärmer. In jedermanns Straße schreien die unerschrockenen Kinder unter den kleinen anheimelnden Luftangriffen. Aber ich stand auf einem feuerzeichenspeienden Berg draußen auf dem Land, wo sie einem hungrigen Strohmann Reisig und Äste und Knallerbsen zu fressen gaben, und der feurige Strohmann keuchte nach mehr. Kleine schweflige Kuchen rumpelten in seinem feuersbrünstigen Bauch, und sein dorniges Haar lichterte und lohte. Er taumelte und machte gemeine Geräusche. Er brauchte lange Zeit zum Sterben, dort auf dem Berg über den sternhellen Feldern, wo der katzenscheckige Fluß ohne Botschaft weiterfloß, mit seinen Glocken und Forellen und Büchsen und Armspangen und Literatur und Katzen ins immer in Hörweite rauschende Meer.

Und ich weiß noch, einmal in diesem langen zerfließenden Jahr stieg ich in einen Londoner Bus ein, aus einem Viertel, das ich vergessen habe und wo ich sicher nichts Gutes im Schild geführt hatte, zu einem Stelldichein, zu dem ich mich gar nicht einstellen wollte.

Es war ein grün aufschießender Frühlingsmorgen voller Zärtlichkeit und Krokus, und all die jungen Frauen gingen auf nackten Blumenstielen, dem Städtischen Rasen, und schwangen ihre Milcheimerhandtäschchen, zart und unbeständig und einladend und zugänglich, und verziehen jede markig selbstvergessene Gebärde der Begrüßung, noch ehe sie gemacht oder gedacht war, und sagten in ihrem Bacchantinnenfrühzug in den Manikürsalon oder ins Tippbüro Ja zu all den brennenden unausgesprochenen Schmeichelworten der zottigen Fremden und zu den zwinkernden Pfiffen der wandelnden Plakate mit Hufen und Schwänzen. Die Sonne kreischte, die Omnibusse machten große Sprünge, Polizisten und Narzissen neigten sich in der buttermilchduftenden Brise. Zarter Frühtrunk platschte und patschte aus den Kneipen, die noch nicht offen waren. Ich fühlte mich wie ein junger Gott. Ich entfernte meine Kragenknöpfe und öffnete mein Hemd. Ich warf das Haar zurück. Es stand ein großes Vogelhaus in meinem Herzen, doch ohne Eulen oder Adler drin. Meine Wangen waren kirschenwarm, und ich duftete, dachte ich, nach Grasnelken. Zum Klang von Madrigalen, gesungen von schlanken Sopranen in wasserfallvollen Tälern, wo ich der einzige Tenor war, sprang ich auf einen Bus. Der Bus war voll. Sorglos, offenen Hemdkragens, leuchtenden Auges, mit Adern so voll Frühling, wie einer Tänzerin Schuhe voll Champagner sein sollen, stand ich verliebt und leicht und ewigjung auf dem dichtgedrängten unteren Verdeck. Und ein Mann, der genauso alt war wie ich – oder vielleicht war er ein wenig älter – stand auf und bot mir seinen Platz an. Er sagte mit respektvoller Stimme wie zu einem altehrwürdigen Friedensrichter: »Bitte, wollen Sie nicht meinen Sitz haben?« Und dann fügte er hinzu: »Mein Herr?!«

Wie viele Spielarten unbeträchtlicher Niederlagen und Enttäuschungen habe ich vergessen! Wie viele Schattierungen und Formen des vielfarbigen Zebrahauses! Wie viele Josephsröcke habe ich unabgeholt in den Herrengarderoben des Jahres hinterlassen!

Und eines Mannes Jahr ist wie das Land einer Wolke auf der Karte des Himmels verzeichnet, das bald in die wässerigen geordneten Wüsten und Leeren entschwinden wird, in die immerzu kreisende Regel, ins Dunkel, das Licht ist. Nun fliegt die Wolke ganz langsam außer Sicht, und von all der dahinziehenden Geographie fallen mir keine palastgekrönten Morgenhügel ein, keine großen Plüschtäler in der sinkenden Sonne, keine vogelwimmelnden Wälder, hirschwilden Moore, legendenfrohen Auen und stiergehörnten Ebenen, sondern nur:

Die Straße in der Nähe des Waterloo-Bahnhofs, wo ein kleiner Junge, in einer zurechtgeschneiderten alten Khakiuniform und mit einem Stahlhelm auf dem Kopf, einen Kinderwagen voll Brennholz dahinrollte und mit leidenschaftsloser Stimme jedem Vorbeigehenden nachrief: »Wo hast du deinen Schweif?«

Der Teich an der Flußmündung unterhalb der eingestürzten Burg, wo die Julikinder miteinander im Urschlamm rollten und kreischten und jappten, und niederes Leben, noch lange vor den Kaulquappen, an ihren Händen zuckte.

Der knirschende Weg durch das Feld im Dezemberschnee, im tiefen Dunkel, wo wir auf begrabenes Gras traten wie Geister auf trockenen Zwieback.

Die schmale Wegspur längs des frühlingsgrünen Flußufers, wo die Wasserwühlmäuse im Gänsemarsch an die Arbeit gingen und die jungen ungeduldigen Wühlmäuse, die es immer eilig hatten, in ihren glatten Westen über die fadenscheinigen Rücken der alten hinweghüpften.

Die rasiermessernarbige Hintergassen-Kaffeebude, wo sich ein Mann mit zerschnittenen Wangen und abgekauten Ohren über seinem teerigen Tee heiser und wütend beschwerte, daß das neue Panda-Baby im Zoo nicht von Scheinwerfern angestrahlt wird.

Die Möwensandbuchten im März unter den windzerschlagenen und ausschlagenden Klippenrandbäumen, wenn der Wind mit mir Kürdchen spielte und in weiter Ferne Kormorane wie Motorboote über die Bucht jagten, während ich unterwegs war zur windschiefen Stadt und zum brüllenden *Schwarzen Löwen*, wo die Katze, die wie ein Feuer fauchte, aus zwei glühenden Kohlen den sanft saufenden pensionierten Schiffskapitänen zusah, die wohligwarm wie eine Laus im Pelz in der hinteren Kneipstube saßen.

Und die Küche in der Kellerwohnung im beißenden Februar, mit Windeln auf der Leine, die von der Tür zur vollgepfropften Ecke reichte, und vor der Speisekammer ein Fahrrad, das auf seinen letzten Reifen stand, und Hüte und Spielzeuglokomotiven und Flaschen und Schraubenschlüssel auf dem zerbrochenen Schaukelstuhl, und Wogen von Zeitungen und halbfertigen Kreuzworträtseln auf dem Radio aufgestapelt, das immer aus Leibeskräften spielte, und rauchendes Kaminfeuer und Zwiebeln, die geschält wurden, und Bratkartoffelwürfel, die auf dem Herd immerzu spuckten, und untersetzte Männer in Überröcken, die von Selbstdisziplin und von asketischem Leben redeten, bis die Luft zigarettenblau wurde und die Uhr erstickte und der Betrieb erstarb.

Und dann der Augenblick einer Nacht, in jenem umhertreibenden Frühling, selten und unvergeßlich wie eine mitten in der Wüste gefundene Fahrradklammer. Lang und durchweicht und dunkel war der Weg, der zum Hause führte, das ich füllen und bekleckern half.

»Wer hat denn das hier in der Ecke liegen lassen?«

»Was, wo?«

»Hier, das!«

Den Arm einer Puppe, die Eingeweide einer Uhr und eine Bratpfanne voll Hutbändern.

Der Weg war zerfurcht wie von betrunkenen Wasserkarren, und so schwarz, daß man die Hand nicht vor den Augen sehen konnte. Regen fiel tonnenweise. Auf der einen Seite konnte man die Rehe nicht hören, die dort lebten, und auf der anderen Seite, eingehüllt in den Mitternachtssack, begannen Stimmen zu flüstern. Eine Männerstimme und eine Frauenstimme. »Ein Liebespaar«, sagte ich mir. Denn in der Nacht kommt das Herz heraus wie eine Katze auf den Dachfirst. Unhöflich knipste ich meine Taschenlampe an. Da standen sie, mitten im Regen, ein junger Mann und eine junge Frau, dicht beisammen, nahe der Hecke, die im Wind schwirrte. Und einen Meter weiter saß gelassen ein zweiter junger Mann auf der Rasenböschung und hielt ein offenes Buch, in dem er zu lesen schien. Und mitten auf dem Weg, zwischen den Furchen und Pfützen, rauften zwei Hunde mit bestialischer Konzentration und völlig lautlos.

Die Festausstellung 1951

Das Ausstellungsgelände am Südufer der Themse im Herzen von London umfaßt 180 Ar. Die Ausstellung enthält 22 Pavillons und 13 Restaurants, Kaffeehäuser, Bars und Büfette.

Manche Leute besuchen zuerst die 22 Pavillons und stolpern dann, starräugig und verkrüppelt, atem- und steuerlos und ein wenig verrückt im Kopfe, weinend auf eines der 13 Restaurants, Kaffeehäuser, Barlokale oder Büfette zu, nur um alles voll zu finden, bis zu den blendend bemalten und möglicherweise gegen alle Gesetze der Schwerkraft vom Boden aufschwebenden Türen hinaus. Andere Leute besuchen alle 13 Restaurants, Kaffeehäuser, Bars und Büfette, ehe sie zum Angriff auf die Pavillons übergehen, und kommen kaum weiter als bis zur Kuppel der Entdeckungen, die sie verwirrend finden, voll von Totempfählen, wirklichen Hunden im Schnee, Heuschrecken, Sternen, Sonne und Mond, Dingen, die Blasen werfen, Donner- und Blitzmaschinen, chemischen und physikalischen Überraschungen. Und manche kommen nie mehr wieder heraus.

Die meisten Leute, die wenigstens im Anfang versuchen wollen, die Ausstellung zu verstehen, folgen dem Kurs, der im offiziellen Ausstellungsführer angezeigt ist – eine Reihe einander widersprechender Pfeile, die viele Besucher, die so etwas nicht verstehen, mit Klatsch und Patsch geradewegs in die Themse führen, und bahnen sich ihren Weg pflichteifrigst quer durch ›Die englische Landschaft‹, die Gletscher von vor zwanzigtausend Jahren und die Hölle von Wüstentreibsand, die jetzt Birmingham ist, bis sie schließlich in den offenen Pavillon der Gesundheit hinaustreten, wo sie vielleicht einen sehnsüchtigen Augenblick lang vor dem Zeichen stehenbleiben, auf dem steht »Euthanasie« – und weiter, an den mit Netzen und Winden, mit Pfählen und Bojen, Seemuscheln und Kies besäten, herrlichen Strand der vergangenen Sommerkindheit.

Und andere beginnen natürlich am Ende. Das sind die Leute, ohne die weder die Ausstellung bestehen könnte, noch das Land, in dem sie trompetet und dahintreibt, mit ihren Löwen und Einhörnern, die aus Weizenähren gemacht sind, mit ihren Vögeln, die singen, wenn man auf einen Knopf drückt, mit ihrem brennenden Wasser und mit ihren Himbeersaftspringbrunnen. Das sind die mißtrauischen Leute, denen man keinen festlich blaugefärbten Dunst vormachen kann, die großen Uneinwickelbaren; das sind die Frauen, die »um keinen Preis der Welt Schlange stehen werden« und die Hunde mit Verdauungsstörungen in die Ausstellung einschmuggeln; die eigenartig berechnenden Männer, die denken, daß der letzte Pavillon der erste sein muß, weil er doch Nummer 22 hat, die Leute, die glauben, daß sie überhaupt irgendwo anders sind, und die nie herausfinden, daß das gar nicht stimmt. Das sind intelligente Leute, die schon vorher da waren, die alle Schliche kennen und die nun ihren Vettern vom Lande schmunzelnd erklären: »Auf diese Weise kriegst du für dein Geld doppelt soviel zu sehen!«

Da gibt es irgendwie verfolgte Leute, die immer ihre Handschuhe verlieren, und die wissen, daß die einzige Art, wie sie überhaupt das Ganze sehen könnten, ist, am Ende anzufangen, was sie aber eigentlich gar nicht wollen. Dann sind da Leute mit militantem Individualismus, die es als ihr Recht als Engländer betrachten, sich diesen unsinnigen Rummel verflucht nochmal so anzusehen, wie sie selbst es wollen; ferner Leute, die bei allen derartigen Anlässen nervös werden und nur wissen wollen: »Wo geht man da eigentlich hin?« Ängstliche Leute gibts, die vom Skylon, der himmelstürmenden Riesenzigarre aus Stahl und Licht, die nur auf Drahtseilen balanciert, möglichst weit entfernt sein wollen, »denn man kann doch nie wissen«. Ausländer gibts, die von einer Schule unverantwortlicher Witzbolde auf den verkehrten Weg geschickt worden sind; glasige, im Dunkel tappende Männer, die versuchen, daran zu denken, daß sie irgend etwas von der Ausstellung sehen müssen, damit sie sich daran erinnern können, ehe sie heimgehen und versuchen, es ihren Familien zu beschreiben; junge Leute mit ineinander eingehängten Herzen, die es sich nicht nehmen lassen, bei allem zu kichern, was sie sehen, ob es nun ein Goldfisch in einem Teich ist, ein Modell der *Queen Elizabeth*, oder ein Feuersteinhammer; Leute, zu gelangweilt um auch nur zu gähnen, lang und reich wie russische Windspiele, die schon, ehe sie hergekommen sind, bessere Ausstellungen in Kopenhagen und San Francisco gesehen haben; exzentrische Leute: Männer, die ihre Jägermützen mit einem Strick an den Rockkragen gebunden haben, die trockene Nußsandwiches und kleine Joghurtbehälter in haarigen grünen Ranzen tragen, auf denen steht: »Vorsicht! Glas!«; dicke aufgeregte Frauen in so vielen Mäntelschichten wie eine Zwiebel oder ein Chauffeur, die fieberhaft Jagd durch 50 futzelige Taschen auf ein verlorenes Päckchen Vogelfutter machen, das sie den Papageien geben wollen, die gar nicht da sind; alte schuppige niesende Männer, die von Eidechsen in einer Schnupftabaksdose geboren wurden und, ganz gleich wohin sie gehen, in winzig kleingedruckten Büchern nachlesen und niemals aufblicken, nicht einmal auf den Terrinendeckel der nur mit knapper Not an den Erdboden gefesselten Kuppel der Entdeckungen, und auch nicht auf den leuchtenden Skylon, den himmelstürmenden Pylon aus Nylon, das zylindrische, wohlgeformte Bein der Zukunft, das hochgehoben ist, fast bis zur Ausstellung der Sterne hinauf. Und dann die wirklich Exzentrischen, jene Leute, die ans Südufer, in die Ausstellung, gekommen sind, um tatsächlich das Wachstum und die Entwicklung Englands von der Eisenzeit bis heute zu studieren. Hier finden sie keine wiehernden Truppenparaden, kein Museum von Kulturdickhäutern, keine kalten, hallenden, unmenschlichen, hygienischen Baracken voll technischer Information, kein schäbig einladendes Riesenkaufhaus geschmackloser Kolonialwaren, sondern etwas, was wirklich sehr sonderbar ist, magisch und zugleich wie aus einem alten Dorf: ein Dorfbrunnen aus fliegendem Glas und männertreuleichten, ganz dünnem Stahl, ein runder Geleekuchen voll von leuchtenden melodischen Glocken, Rädern, Federn, Maschinen und Orgeln, Kolben und Retorten in einem Palast im Donnerland, der überkocht und dampft und stampft von wissenschaftlichen Hexenköchen und -küchen! Ein Ort voll von Eisenbahnen, Gebeinen,

Aeroplanen, Schiffen, Schafen, schiefen Ebenen, gerade eben gebauten beweglichen Skulpturen, Steinkugeln, Glaskegeln, Blechkonzerten und Käse, ein Ort, der aufs Teufelholen bemalt ist, natürlich mit der Hand.

Vielleicht werden Sie denken, daß ich etwas dick auftrage. Das tue ich auch, aber ich bin sozusagen berauscht von starkem Rosa. (Und was für eine Menge von Rosas – rosig, erdbeer- und himbeerfarben, pfirsichrosa, fleischrosa, errötendrosa, krebsrosa, lachsrosa, halali! – Da haben wirs, vergipst und bemalt, die ganzen 180 Ar dieser lustigen und morgen verschwundenen Feststadt mitten im nach allen Seiten zerfließenden London!) London: für viele von uns, die draußen auf dem Land leben, die Haupt- und Stadtsaktion, die Großstadttodesstrafe. Vielleicht gehen Sie sich das alles an einem kühlen, trüben Tag ansehen, vernünftig und nüchtern wie ein Stück Zwieback, und finden, daß die Ausstellung wirklich, wie es im Katalog heißt, »die Geschichte des Beitrages Großbritanniens zur Weltkultur, namentlich zu den Künsten des Friedens« erzählt, und sonst nichts. Aber ich habe meine Freude daran, das nicht zu glauben. Natürlich ist die Ausstellung lehrreich, und natürlich liegt ihr auch ein wohldefinierter allumfassender Plan zugrunde; sie kann einem zum Beispiel, wenn man kein Sachverständiger ist, mehr von Mineralogie oder auch mehr von der Ionosphäre zeigen, als man je wissen will. Sie platzt sozusagen vor lauter Wissen aus allen ihren Nähten und Knopflöchern, wohlgemerkt, ohne dabei die Sittlichkeit zu verletzen. Aber was alle, die ich kenne oder beobachtet habe, an der Ausstellung am liebsten zu haben scheinen, ist die lustige, absurde, nicht zur Sache gehörige, aufheiternde Einbildungskraft und Phantasie; die fliegt und bollert und spritzt und tropft immer wieder aus der ganzen bunten schäumenden wirbelnden Wäsche heraus. Zum Beispiel die kleine Seltsamkeit aus Stein, die einen um irgendeine scharfe buntgetünchte Ecke herum anschielt; die geschlechtslosen abstrakten Skulpturen, die heimlich und heiter außerhalb der Zeit ihre eigenen alten kalten Welten bewohnen, an Stellen, die zunächst, aber nur eine verdutzte Sekunde lang, wirklich nicht dazu geeignet scheinen; Mann und Frau aus Terrakotta, Arm in Arm, die der Schwerkraft eine Nase drehen und elegant eine Klosettmauer hinauflaufen. Und auf einer anderen Wand plötzlich das Muster von Händen, als hätte der Maler gesagt: »Ach was, soll doch der Teufel die Arbeit da holen!« und einfach klitsch-klatsch seine ausgespreizten Finger und Daumen über die ganze okkerfarbene Wand hingeschlagen, zehn stumpfe Pfeile; oder als wären große Kerkervögel, wenn es so etwas wie Kerkervögel gibt, die Wand hinaufgewatschelt und hätten sie mit ihren Schwimmhäuten gezeichnet. Man sieht Menschen, die entschlossen und unaufhaltsam durch die weiten weißen Alleen dem Pavillon ihrer Wunschziele zusteuern – »Wissen Sie, unser Hubert kann es schon gar nicht mehr erwarten, die Milchzentrifugen zu sehen!« – Und plötzlich bleiben sie stehen: wieder ein neues unglaubliches Phantasiegebilde schlägt Blasen oder schaukelt vor ihren Augen. Was sehen sie? Indigofarbenes Wasser, das im Walzertakt der Musik tanzt. Reihe um Reihe von rosigen rotblonden Bällen, die auf hohen Schirmen ausgebreitet sind, wie die Rechenperlen von H.-G.-Wells-Kindern, die nur mit göttlichem Nektar und Ambrosia gefüttert werden. Asbesttafeln, die an nichts und mit nichts angebunden sind, nur einfach angebunden, im Nichts, denn nichts ist hier verankert, und wenn man in die Hände klatscht, dann kann der ganze Gallimatthiashering in die Luft hinaufschwimmen und nach Susa abfliegen, quer durch alle Flaggen des flackernden, fackelnden Ausstellungshimmels. Kleine kinderbilderbuchbemalte Windräder längs der Brückengeländer, die beim leisesten Fingerschnippen des Windes zu Windmühlen werden und in der Nacht herum und rundum schrummen und brummen wie Regenbogen mit Armen. Oder die stählerne Platinfigur – eine Schöpfung des walisischen Ingenieurs und Architekten Richard Huws –, die vielleicht eine Meerjungfrau ist, die da mitten im bogenlampenhellen Wasser steht oder aus ihm herauswächst; sie weint, und es wird auf sie geweint. Und erst beginnt sich ihre glitzernde Brust zu bewegen, und dann ein Arm, oder ein Bein; beginnt sich zu bewegen, kippt über, gleitet, schießt, schaukelt und plätschert herab, nimmt aus dem Wasser, aus dem sie geboren ist, zum Klang von Händels Wassermusik mit einem Schluck eine Tonne Wasser, läßt es verschwinden, atmet es durch tröpfelnden

Stahl ein und wirft und schäumt und braust es wieder heraus und weit fort. Oder sogar die Hunderte von kleinen lebhaften Stahlstühlen, die aussehen wie Hunderte von kleinen lebhaften Stahlleuten, die sich gesetzt haben.

Und im Pavillon, der den Namen »Die Naturlandschaft« trägt, muß man die Seehunde und Adler sehen, die Füchse und Wildkatzen dieser immer noch wilden Inseln, und die Naturgeschichte dieses geotterten, geeulten, gekuckuckten, unglaublichen London. Ein großer nackter Baum steigt mittendrin auf, mit zahllosen Schmetterlingen und Käfern bedeckt. Eine Amsel beginnt zu leuchten, und das ganze Vogelhaus ist voll von ihrem Gesang, und dann eine Drossel, ein Brachvogel, eine Lerche.

Und im Pavillon »Landleben« muß man alle die modellierten und geflochtenen Brotlaibe ansehen, die wie Weizengarben aussehen, oder wie Locken, oder die Zöpfe und Schleifen sind. Und da gibt es auch Männer, die die Dächer von Bauernhäusern mit Stroh decken, und – was könnte selbstverständlicher sein? – diese Männer sind selbst aus Stroh. Und welche Herzensfreude von Körben! Tragkörbe, Flaschenkörbe, Einholkörbe, Blumenkörbe, Brotkörbe, Frühstückskörbe, Picknickkörbe, Katzenkörbe, Strandkörbe. Und wenn das nicht die richtigen Namen für die Körbe sind, so sollten sie es doch wenigstens sein.

Und dann der Pavillon »Der Löwe und das Einhorn«, der unter einer Schar auf Draht gezogener Zugvögel den »Britischen Charakter« feiert, dieses hartnäckige, dumme, meerverbundene, lyrische, paradox dunkle Gewirr von Hochnäsigkeit, Waghalsigkeit und Hochsommermondscheinwahnsinn, das Ganze hochtönend, behaglich und mit solidem kupfernem Hinterteil. Die Gerechtigkeit steht aus irgendeinem Grund mitten in dieser Halle, ihre zwei großen Perücken mit den Hinterköpfen aneinandergelehnt, ihre schwarzen und scharlachroten Talare fallen in Falten zu Boden. Der Körper der Gerechtigkeit besteht aus Reihen um Reihen von Gesetzbüchern. Die schwarzen Öffnungen unter den weißen Perücken sehen aus wie Profile von Adlern. Hier reitet auch der Weiße Ritter, aber er kommt mir zu donquichottisch vor, um in Alices Spiegelland zu passen, und außerdem ist er sehr topf- und pfannenlos. Eine Bravohand klopft ihm mit Hilfe einer Maschine auf den Gipsrükken und sagt ihm gute Nacht. Hier gibt es auch eine Maschine, mit der man Rauch feinmahlen kann, und ein Teeservice aus Lachsknochen, das ich aber nicht finden konnte. Aber in dieser ganzen betont exzentrischen Ausstellung ist ausgerechnet der Winkel der Exzentriker am langweiligsten. Einige der uninteressantesten Ausstellungsobjekte werden von den Ausgefallenheiten, die sie auf allen Seiten umgeben, gerettet. Aber die Abteilung, die eigens den rhapsodischen Inspirationen der Extravaganz gewidmet ist, ist weitaus die trübseligste. Warum haben sich die Veranstalter der Festausstellung nicht des erlesenen Talents jenes Hexenmeisters bedient, der ihnen seine Dienste anbot und sich erbötig machte, auf Bestellung einen Regenbogen über die Themse zu werfen? Ich wünschte, er würde einen Regenbogen über mich werfen, wenn ich durch die grauen Tage gehe. »Ja, dort kommt er, man kann ihn schon von weitem erkennen«, würden die neidischen Nachbarn sagen, »an seinem Regenbogen.« Und auf der Galerie gibt es eine Reihe von winzigen Theatern. Jede Modellbühne zeigt ein Shakespearestück, und aus dem Theater, in dem gerade das Licht aufblinkt, kommen die Worte der Schauspieler. Wenn du Glück hast, geht etwas mit dem Mechanismus schief und Hamlet rast im Wald von Dunsinan.

Im Pavillon »Heim und Garten« muß man blinzelnden Auges von den betrüblichen Möbeln wegsehen; sie sind häßlich wie die Sünde, aber viel weniger behaglich.

In den Verkehrspavillons glotze man die Hexenmeister von Dieselmotoren und die herrlichen, gar nicht pustenden Stromlinien an, und die Märchenmodelleisenbahn für Zwergmillionäre.

Und wenn man dann noch immer keine Punkte und Sterne vor den Augen tanzen sieht, muß man nur ins dreidimensionale Telekino gehen, und sofort sieht man sie von allen Seiten kommen: Punkte mit scharlachroten Kaulquappenschwänzen, und punktierte sinnliche Reißnägel, die mit gestreiften Zebraköpfen tanzen, die sich auflösen, und Kleckse und Klümpchen und Gummischlingen, die zum Klang der Blech- und Messingmilitärmusik im Zickzack durch häßliche vielfarbige Gänge davonrennen, ein St.-

Veits-Tanz von abstrakten Formen und Farben an einem St.-Medardus-Tag von wolkenbrechenden blendenden Stopfnadelregentropfen. Man muß stillsitzen in diesem verblüffenden Kino und sich von einer Giraffe küssen lassen, die ihren langen Hals eigens für einen aus der Leinwand herausreckt. Man muß dem dichterisch buntgefärbten Lauf der Themse, des königlichen Flusses, folgen. Das flüsternde Wasser ist mehr wie Wasser als Wasser selbst jemals war. Immer näher und näher kommt der langsame Reiher – blaues Wasser, und plötzlich besabbert es dich über und über. Wie schön wird das sein, wenn die Filmstars das auch tun werden.

Die Ausstellung muß man sich zum ersten Mal am Tag ansehen, dann aber immer nachts. Man muß an einem Kaffeehaustisch sitzen, in der Nacht voll musikalischer Lichter, am leuchtenden Fluß, unter dem glitzernden Himmelsturm, der auf und davon fliegen will, zwischen den erleuchteten Pavillons, im Weiß und Schwarz und Silber des Schwunges aus Stein und gefiedertem Stahl, der einen durchsichtig umschimmert und umfängt, während man sitzt und trinkt und sich denkt:

Das ist das erste Mal, daß ich wirklich und wahrhaftig jenes London gesehen habe, dessen süße Themse sachte dahinfließt, jene minnesingende Wassernixe von Stadt, das achtmillionenköpfige Dorf mit seinen Wasserstraßen aus lichterlohem Glanz. *Das* ist London, und nicht der ungeheure, kleinliche, verkrüppelte Alptraum, den ich sonst immer gekannt habe, wenn ich durch Nebel und Rauch seine reizlosen Straßen entlangtrauerte, vorbei an den namenlosen unglückseligen Geschöpfen, die so lebhaft waren wie nasse Regenschirme. Dieses Fest ist London. Die Bogen der Brücken springen hinauf ins Licht, die Monduhren leuchten, der Fluß singt. Die harmonischen Pavillons sind glücklich. Und so müßte London immer sein, bis die St.-Pauls-Kathedrale niederfällt und das Meer über dem Strand zusammenschlägt.

Das Internationale Eisteddfod

Llangollen. Eine Stadt in einem Tal im grün dahinrollenden Nordwales an einem windigen Julimorgen. Die Sonne schielt hervor und wird wieder zurückgestoßen in die grauen Wolken, die, bis an ihre zerfetzten Ränder voll von Regen, über die Berwyn-Hügel ziehen. Der Fluß Dee mit seinen weißen Pferden zischt und trabt über die Hügel seiner Steine und unter der graubärtigen Brücke durch. Der Wind schlägt auf den Fluß los und auf dich: es ist ein kalter knackender Morgen. Vögel hängen und knarren über dem gepeitschten Fluß, wider Willen, wie festgefroren in der Luft, oder sie werden vom Wind hochgeworfen und gegen die zerzausten Bäume ausgestreut. Und wenn du die Schloßstraße hinuntertreibst, mit fliegendem Haar, daß dein Hut oder dein Regenschirm tanzt und sich aufmacht den Himmel zu erobern, siehst du und hörst du rundum die ehrenhaften, nüchtern gekleideten, kopfbedeckten, stillen und keineswegs lächelnden Bewohner der zahmen Stadt. Du könntest in jeder walisischen Stadt sein, an jedem windigen Morgen, an dem nur die Vögel und der Fluß fauchen und pusten und die einzige leuchtende Farbe das zahllose Grün und hohe Purpur und Lila der umliegenden Hügel ist. Alles ist sehr alltäglich in Llangollen; alles ist hübsch langweilig, bis auf die Sommerwelt von Wind und Federn, Blättern und Wasser. Es gibt da, wenn du taub, stumm und blind bist und ein Herz wie ein kaltgewordener Brotpudding hast, weiter nichts Bemerkenswertes oder Erstaunliches. Aber reibe dir mit deinen schwarzen Handschuhen die Augen. Hier über die Brücke kommen drei Javaner mit Flügeln, Brustpanzern, Helmen, und sie tragen Gongs und Blasen aus Stahl. Und mit Kilt und Sporran, tartanumweht und dolchbewehrt taumeln und springen und tanzen Schotten eine Seitengasse hinauf und pfeifen dir eins, daß dir das Feuer aus den Ohren spritzt. Burgundische Mädchen mit sanften Vogelkäfigen auf den Köpfen fahren plötzlich auf dem Gehsteig zu einem buntscheckigen Tanz zusammen. Ein Wikinger geht in eine Kneipe. In Federhüten aus schwarzem Filz und kurzen krachledernen Hosen jodeln riesige Österreicher mit Schenkeln so groß wie die Leiber von Walisern, aber viel brauner von der Sonne, und fiedeln und zerreißen den Regen mit ihrem Lächeln. Spitzenbesetzt und bebändert, mit Schärpe, Fez und weißem Turban, in blaugepuderten *sharavári* und zerquetschten roten Stiefeln tanzen Ukrainer mit einer englischen Aussprache, die an Manchester erinnert, hangaufwärts den Gopak. Alles in Llangollen ist seltsam. Du wünschst, du hättest einen scharlachroten Hut und Armspangen und womöglich auch noch deinen eigenen kleinen Dudelsack, aber es kommt nicht drauf an.

Die Glockentänzer, die sich auf die Schenkel klopfen, die Schäfer und Gemsenjäger, Fiedler und Flötenspieler, und die Spieler all der anderen Instrumente, Gongs und Mandolinen, Gitarren, Harfen und Trompeten, die schönen blitzblanken Burschen und Mädchen aus zwanzig oder noch mehr singenden Ländern in allen Farben des internationalen Regenbogens haben gar nichts dagegen, daß du mit deinem Mausbraun unter ihnen wandelst. Obwohl du dich die ganze lange Eisteddfod-Woche nach einem Mantel wie ein blaues Meer sehnst, oder wie ein Lagerfeuer, das im Wind lodert und dahinfegt, und nach einer Schellenkappe und nach einer bunten Weste, und nach einem großen Alphorn, um von den Ruinen von Dinas Brân aus über ganz Wales zu blasen.

Nun geh nur deiner Nase nach, und dem Geräusch der Gitarren und den fliegenden Farben und Flügelschlägen jener großen Singvögel in Holzpantoffeln und Schürzen und Hauben, von Schleiern und Blumen und noch mehr Blumen und Spitzen umhüllt, geh vorbei an den selbstbewußten kleinen Kunstgewerbeläden, schlag dich durch das Babel der Brücke hindurch, vorbei an dem sehr weißen Polizisten, der von seinem Podium aus den Verkehr dirigiert, geh die Flut des Hügels hinauf an Röstkorn und Himbeerwasser vorüber, zum zeltbewachsenen Felde des Wettkampfes!

Grüne dichtgedrängte Uferhänge laufen wimmelnd bis dort hinab zur riesigen Markise, die ächzt und sich wirft und in plötzlichen Böen aufsingt wie ein Luftschiff mit einer dichtgedrängten Mannschaft von Chören. Musik schwappt aus den Mikrophonen über, über das ganze summende Feld hin. Aus dem windzerzausten Feld erhebt sie sich in einer einzigen Stimme. Die Menge draußen ist weggezaubert nach Spanien. In einem entfernten Winkel des Feldes fangen aus jedem erdenklichen Grund der Welt junge Männer und Frauen zu tanzen an. Aus einer Wolkenherde hervor schwimmt die Sonne. Die Spanielohren der kleineren Zelte schwingen hin und her. Kinder sammeln Autogramme von holländischen Bauern. Du hörst einen ganzen Schwarm Sommerhornissen: das ist die burgundische Vielle, eine Mandoline mit einem Henkel. Palestrina erhebt sein Lob von Bologna bis zu dem Chor, der Picknick hält. Ein bretonischer Feiertag singt im Wind zum Trampeln von Holzpantoffeln und *biniou*.

Da kommen sie her, zu dieser Schale und zu diesem Echo in den Bergen. Leute, die gern Musik machen, aus Frankreich, Irland, Norwegen, Italien, der Schweiz, Spanien, Java und Wales: großartige Sänger und schlechte, gewandte Tänzer und eingerostete, Pfeifer, die die Toten tanzen machen können, oder Chorsänger, denen die Krähen in den Kehlen sitzen: alle Länder, Formen, Alter und Farben; Schwerttänzer, Hoftänzer, Kreuztänzer, Holzpantoffeltänzer, Taltänzer, Morristänzer, Hochlandtanz und Ceilidhe, Bolero und Flamenco, Ferse und Zeh'. Und aus vollem Herzen verleihen sie der Musik Bewegung. Was für ein Andrang des Tanzens fließt in die Adern von Llangollens Beinen! Und, ach, das Durcheinander von Zungen und Zähnen in dunklen Kapellen, wo jeder Morgen ein so leuchtender Lärm ist, daß du glauben würdest, daß er die sonntägliche Schwere für immer aus ihrem Katzenjammer vertreibt.

Unter der großen Markise, die an ihren Ankern zerrt, finden sich 8000 Menschen, und du mittendrunter, vor einem Meer von Blumen, Begonien, Magnolien, Lupinen, Lobelien, die alle in den Gärten der Stadt für diese tanzenden Tage herangezogen wurden. Ufer und Wellen von Blumen und Pflanzen strömen zur Bühne hin, wo eine Gruppe aus Holland, acht verheiratete Paare, die Ältesten Ende Fünfzig, die Jüngsten um die Zwanzig, in ehrsam gewichtigem Schwarz einen Bauerntanz vollführen, der heißt »Wirf dein Weib fort«. Darauf folgt, wie es sich gebührt, ein wenig später ein Tanz namens »Du kannst mich nicht fangen«. Die Bewegungen des humorvollen einfachen Tanzes sind frisch und lustig, die Männer der Tanzgruppe tanzen wie traurige englische Lokomotivführer in weißen Holzpantoffeln. Unter ihren schwarzen Schirmmützen sind ihre Gesichter streng, verwittert und zucken mit keiner Wimper. Je rascher die Musik wird, desto trauriger klippern und klappern sie auf dem unsichtbaren Kopfpflaster kalter, sauberer, gescheuerter Küchen. Die wildgewordene Flöte und Fiedel peitschen sie zu perlschwarzer Wollust auf, und sie hüpfen wie Leichenbestatter. Lange niederländische Winternächte hüllen sie ein. Brueghel hat sie gemalt. Sie sind nüchtern wie Kartoffeln, ihre Lippen bewegen sich, während sie stampfen und sich verneigen. Vielleicht singen sie sogar. Sicher sind sie überglücklich.

Dann singen die Österreicher, von Fiedel und Gitarre begleitet, ein Lied von den Wildheuern auf den Alpenwiesen. Beschwertete Ukrainer – ich meine Ukrainer mit Schwertern – hüpfen und schlagen aus, hoch über den Wogen des blumigen Meeres. Leute aus Tournas im Burgunderland tanzen zur Ziehharmonika und zur Cabretta den Tanz der Winzer nach der Weinlese. Sie pflanzen die Reben, sie heften das Laub an die Ranken, sie hängen die Trauben auf, pflücken die Trauben und keltern den Wein. »Gott gab uns Wein«, singen sie beim Tanz, und der Wein wird in Gläser gefüllt, und die Tänzer trinken. (Aber der Wein ist nicht so echt wie das heimliche Anstoßen und neidische Getuschel unter den Zuschauern.)

Den ganzen Tag lang spielt die Musik. Mit Glocken ausstaffiert, geschmückt und betreßt tanzen jene anderen Ausländer in Wales, die Engländer, feurig aus der Vergangenheit hervor, und manche haben Bärte, Spatenbärte, Goldbärte, weiße und schwarze Bärte, die ebenfalls mittanzen und taumeln.

Und spanische Damen singen im Chor volltönend und schön in ihren Nachtgewändern.

Und kleine Mädchen aus Obernkirchen singen wie Englein mit Rattenschwänzchen.

Den ganzen Tag lang singt und tanzt man in diesem verwandelten Tal, in dieser grünen Schale von Ländern im Lande Wales, und das geht hoch und geht über, bis die Sonne untergeht. Dann werden in der Arche des Zeltes unter den windgeschwellten Segeln die Zuhörer und Zuschauer immer langsamer und schließen sich zu einer einzigen Schattenwolke zusammen. Sie starren aus ihrem tiefeingelullten Dunkel auf das erleuchtete Deck, wo die Volkstänzer sich in wehenden bunten Ernten von Licht zu Figuren verweben.

Und dann steigst du wieder in müder Ebbe den Hügel hinab und kommst über den scheinwerferhellen Fluß Dee zurück in die Stadt, die eine ganze melodische Woche lang nicht schlafen wird, oder aber doch im Traum die ganze Nacht die Hügel fiedeln und Laute spielen hören und die Straßen mit Liedern bemalt sehen wird.

Die Wirtshäuser sind offen, als könnten sie gar nicht zumachen, und als könnte der Sonntag sich nicht auf die flötespielende Stadt niederfallen lassen wie ein Nebel oder wie ein Rollbalken. Aus allen guten Gründen der Welt füllt eine Woge von Tanz die laute Hauptstraße. Eine Fiedel in einem Winkel heißt dich tanzen, und so tanzt du im Mondschein, obwohl du eigentlich keinen Schritt tanzen kannst, und bekämst du dafür auch alle Ukrainer von Llangollen. Der Friede spielt auf einer Ziehharmonika. Er spielt auf der stämmigen, sternigen Straße, und niemand ist überrascht.

Wenn du die letzten Stimmen und Takte der lieblichtönenden walzertanzenden Straße verläßt, den Klang und Wellenschlag des hüpfenden Flusses Dee und das Licht der Nacht, um dich niederzulegen, und wenn die menschenbesäte Stadt sich niederlegt, um zwischen ihren Hügeln zu schlafen und ihr Echo nachzuhallen, dann wirst du dich erinnern, daß niemand überrascht war, wie sich die Stadt verwandelt hat und welches Leben sie eine Woche des langen Jahres lang getanzt hat. Die Stadt hat gesungen und getanzt, als wäre es nur recht und billig, wie der Regenbogen oder die seltene Sonne diese alte, glänzende, verdrehte Erde und ihre Menschen zu feiern, denen man auf dem Kopf herumtanzt. Bist du überrascht, daß Menschen in einer kopfstehenden Welt immer noch tanzen und singen können? Das einzig Überraschende an Wundern, auch an den kleinsten, ist, daß sie manchmal wirklich geschehen.

Zu Besuch in Amerika

Quer durch die Vereinigten Staaten von Amerika, viele Monate des Jahres, von New York nach Kalifornien und mit glasigen Augen wieder zurück, strömt und singt für ihr liebes zu Kopfe steigendes Abendbrot eine verdutzte und voreingenommene Prozession von europäischen Dozenten, Gelehrten, Soziologen, Ökonomen, Schriftstellern und Autoritäten für dieses und jenes, ja theoretisch sogar für die Vereinigten Staaten von Amerika. Und atemlos, zwischen Ansprachen und Empfängen, in Flugzeugen, Zügen und kochenden Hotelschlafzimmeröfen, versuchen viele von ihnen Aufzeichnungen zu machen oder Tagebücher zu führen. Zuerst, verwirrt und entsetzt vom schamlosen Überfluß, fast beschämt von Großzügigkeit, ungewohnt der Wichtigkeit, die ihre Gastgeber ihnen beimessen, und erschlagen von dem Hindernis einer gemeinsamen Sprache, machen sie Notizen wie Dämonen und verallgemeinern frisch drauflos, über den Charakter und die Kultur und das politische Landschaftsbild Amerikas. Aber so um die Mitte ihrer im mittleren Lebensalter unternommenen Spritzfahrt durch die Klubs und Universitäten des mittleren Westens flaut die Wut ihrer Aufzeichnungen ab ... Ihr Geist ist wie von einem hohen Grat hinuntergestürzt und durchtränkt von den geistigen Getränken, mit denen sie überall gewaltig willkommen geheißen wurden, und die sie in immer höherem Grad selbst hinuntergestürzt haben. Und sie beginnen mißtrauisch zu werden, gegen sich selbst und ihren Ruf, denn sie haben zu oft gefunden, daß ihr Publikum einen Lichtbildvortrag über, sagen wir einmal Keramik, mit demselben ungehemmten Enthusiasmus hinnehmen wird, den es erst vorige Woche einer Vorlesung über den modernen türkischen Roman gezollt hat. Und in ihren Tagebüchern tauchen immer häufiger Eintragungen auf, wie »keine Rettung mehr!«, oder »Buffalo!«, oder »Ich bin geschlagen«, bis sie schließlich nicht ein Wort mehr schreiben können.

Und am ganzen Körper bebend, vorzeitig gealtert, mit Augen wie Bouletten in Sand, werden sie von hilfreichen artigen Busenfreunden (der verschiedensten Arten und Busen) die Laufplanke des heimwärtsfahrenden Ozeandampfers hinaufbugsiert, und die Freunde klatschen sie auf den Rükken, heben sie wieder auf, stecken ihnen Flaschen, Sonette, Zigarren und Adressen in die Taschen, veranstalten eine Abschiedsfeier in ihrer Kabine, heben sie abermals auf, und sind kichernd und jappend verschwunden, doch nur um am Hafen auf ein neues Schiff von Europa und eine neue Ladung frischer grüner Vortragsreisender zu warten.

Da fahren sie dahin, jedes Frühjahr, von New York nach Los Angeles: Exhibitionisten, theatralische Publizisten, Polemiker, theologische Rhetoriker, historische Wichtigtuer, Ballettomanen, Weltinnenraum-Architekten, Windbeutel, große Tiere und Schwindler; Männer mit einer Leidenschaft für Briefmarken, Männer mit einer Leidenschaft für Beefsteak, Männer auf der Jagd nach Millionärswitwen, Männer mit Elefantiasis des Rufes (kleinwinzige Geister, aber mit gewaltigem Gepäck), Autoritäten für Gas, Bischöfe, Bestseller, Redakteure auf der Suche nach Schriftstellern, Schriftsteller auf der Suche nach Verlegern, Verleger auf der Suche nach Dollars, Existentialisten, berufene Physiker mit auserwählten Atomkernsprüchen, Leute von der BBC, die sprechen, als ob sie die Marmorfriese der Akropolis von Athen im Mund hätten, wetterfahneneidige Philosophen, berufsmäßige Iren (sehr geistergeschichtlich), und leider auch dicke Dichter mit dünnen Gedichtbänden. Und seht auch in dem zungenschlagenden Strom die großen monokeltragenden Männer, die nach Sattelseife und Klubsesseln riechen und ein erlesenes Gemisch von Whisky und Fuchsblut atmen, mit den großen vorstehenden Hauern der oberen Klassen und mit Grafschaftsschnurrbärten, Erscheinungen, die vermutlich in England erfunden und dann ausgeschickt wurden, um in der Welt für das Witzblatt PUNCH Reklame zu machen, und die nun in Frauenvereinen über ausgefallene Themen sprechen, wie etwa »Die Geschichte der Ätzkunst auf den Shetlandinseln«. Und die metallisch dröhnenden eisig-unverfrorenen Mannweiber mit Wellblechdauerwellen und Nilpferdhäuten, die kommen und sich selbst als typisch britische Hausfrauen ankündigen, um vor reichen nerzbemäntelten Fleischmustern des amerikanischen Matronenbestandes Vorträge über die Ungerechtigkeit des englischen Gesundheitswesens zu halten, über die verbrecherische Faulheit der Bergarbeiter und die deutliche Wahrnehmbarkeit von Schwanz und Hörnern an Mr. Aneurin Bevan, und über die Angst aller rechtschaffenen Leute in England, abends allein auszugehen, wegen der organisierten Legionen halbwüchsiger Totschläger, gegen die die Polizei machtlos sei, weil die herrschende Regierung sich weigere, sie mit Pistolen auszustatten und jeden jugendlichen Übeltäter ohne Unterschied der Anklagepunkte kurz und klein zu schlagen.

Und dort zittern und zähneklappern auch, schüchtern und wider Willen in ihr Schicksal getrieben, jene britischen Autoren, die das Unglück hatten, nach Jahren ereignisloser vergessener Arbeiten einen einzigen schlechten Roman zu schreiben, der auf beiden Seiten des Atlantischen Ozeans enorm populär wurde. Daheim hatte sie das erste Heranbranden des Erfolges mit bescheidener Genugtuung erfüllt. Ein, zwei literarische Bankette stiegen ihnen süß und süffig zu Kopfe wie der Spülwassersherry, der vor diesen Banketten serviert wurde; und als das liebliche Geld üppig gerollt kam, da begannen sie auf ihre verschwommene Schriftstellerweise zu träumen, wie sie sich vielleicht aufs Land zurückziehen und Wespen züchten würden (oder waren es Bienen?), und nicht ein einziges lausiges Wort mehr schreiben würden. Doch dann kamen die Revolverjungen der literarischen Agenten und die bewaffneten Spitzel der Verleger: Sie *müssen* in die Staaten hinüber, persönlich vorsprechen! Ihr Roman haut die drüben einfach um! Wundert uns auch gar nicht. Sie müssen eine Reise durch die Staaten machen, Vorträge halten, besonders den Frauen.« Und die schüchternen harmlosen Schriftsteller, die es nie gewagt haben, irgendwem Vorträge zu halten, von Frauen ganz zu schweigen – sie haben Angst vor Frauen, sie verstehen Frauen nicht, sie schreiben über Frauen wie über Geschöpfe, die es nie wirklich gegeben hat, und die Frauen verschlingen das nur so –, diese Mimosenpflanzen schreien auf: »Aber worüber sollen wir denn Vorträge halten?«

»Über den englischen Roman.«

»Ich lese keine Romane.«

»Große Frauen in der schönen Literatur.«

»Ich interessiere mich weder für schöne Literatur noch für Frauen.«

Und dennoch, sie werden dahingeweht, erster Klasse, in den plüschenen Eingeweiden der *Queen Victoria*, mit einer Liste von Verpflichtungen, so lang wie eine New Yorker Speisekarte oder eine halbe Stunde über einem Buch von Charles Morgan, und bald verlieren sich ihre zierlichen goldfischkalten Händchen im großen klebrigen allgemeinen Händedruck eines Rudels allumfassender Gastgeberinnen. Ich glaube übrigens, es war Ernest Raymond, der Autor von *Tell England*, der einmal eine Reise zu den amerikanischen Frauenvereinen unternahm und in jeder kleinen Stadt, wo er haltmachte, von der reichsten, umfangreichsten und pelzigsten verfügbaren Dame beherbergt und verpflegt wurde. Einmal stieg er in irgendeiner kleinen Station aus und wurde, wie gewöhnlich, von einem enormen Auto abgeholt, das mit einem dicken Geschäftsmann mit Hornfassung, der genau so aussah wie ein dicker Geschäftsmann mit Hornfassung im Film, und seiner kuchenbreiten Perlengattin gefüllt war. Ernest Raymond saß neben ihr hinten im Auto, und los gings; der Gatte chauffierte. Unverzüglich fing sie an zu betonen, wie ungeheuer entzückt sie und ihr Gatte und das Komitee seien, ihn als Sprecher in der Frauenliga für Literatur und Gesellschaft begrüßen zu dürfen, und sie machte ihm Komplimente über seine Bücher. »Ich glaube nicht, daß ich je in meinem Leben so viel Genuß von einem Buch gehabt habe, wie von *Hauptmann Sorrell und sein Sohn*«, sagte sie. »Was Sie nicht alles von der Natur des Menschen wissen! Ich glaube, Sorrell ist einer der schönsten Charaktere, die jemals in der Literatur geschildert wurden.«

Ernest Raymond ließ sie weiterreden und starrte verlegen vor sich hin. Alles, was er sehen konnte, waren die drei Doppelkinne, die ihr Gatte hinten im Nacken trug. Weiter und weiter sprach sie und rühmte *Hauptmann Sorrell und sein Sohn* in den höchsten Tönen, bis er es nicht länger ertragen konnte. »Ich bin ganz Ihrer Meinung«, sagte er. »Wirklich ein schönes Buch. Aber leider habe ich es gar nicht geschrieben. Ein alter Freund von mir hat es geschrieben, Mr. Warwick Deeping.«

Und der dicke doppelkinnige Gatte mit Hornfassung sagte, ohne sich von seinem Lenkrad umzudrehen: »Wieder mal reingefallen, Emily!«

Seht auch die nörgelnden andern, die unter Geschwätz und Girlanden von einem Kulturgeiernest zum andern herumgereicht werden: Die einen preisen die englische Lebensweise an und verdammen die amerikanische Lebensweise, während sie sich durch sie durchschlürfen und -schmatzen; die andern lassen die Theorien des Surrealismus wiederaufleben, zum Wohle abgelegener provinzieller weiblicher Hörerscharen, die gar nicht wissen, daß der Surrealismus tot ist, weil sie nie im Leben gewußt haben, daß er je gelebt hat. Andere wieder halten eine Vorlesung über etruskische Steinmasken und Schatzhäuser vor einem Publikum von Steinmasken und Geldhäusern in Boston. Und dort, mitten im klebrigsten Gedränge der Vortragenden, auf einem Kontinent, der schwarz von Klubs ist, dort also fahren auch die ausländischen Dichter dahin, katarrhleidende Troubadours, lyrische Einnachtsfliegen, dollarwütige Nachtigallen, Postanweisungsdichter aus der alten Heimat, und ich mitten unter ihnen, um die Wette dröhnend mit den schlechtesten.

Sind wir da – frage ich mich – aneinander vorübergegangen, *en passant*, ganz ohne es zu wissen? Der eine glänzenden Auges, mit sauberen, weißen Vorlesungen und einer Seele, die er noch sein eigen nennen durfte, voller Spannkraft nach Westen hin, zu seinem einträglichen Untergang in den großen Staatsuniversitätsfabriken, und der andere auf dem Rückweg, zerknüllt und mit Eselsohren wie seine Handvoll Gedichte und seine sorgfältig maschinengeschriebenen Stegreifglossen. Mir ist um beide leid. Da geht der eine, noch unbefleckt, in seinem Pullman-Stolz, spielt, Donnerwetter, mit einem überdimensionalen Schokoladenkeks, wird von einer dicken Zigarre geraucht und reitet hinaus, in die weiten offenen Flächen der Gesichter seiner wartenden Zuhörerschaft. Er führt, abgesehen von seinem literarischen Gepäck, einen neuen dynamischen Rasierapparat mit sich, eben erst auf dem Markt, gekauft in New York, der auf den bloßen Druck eines Daumens hin funktioniert, aber den Daumen bis auf den Knochen entzweischneidet. Er hat auch eine Dose mit neuem Rasierschaum, die mit dem anderen unblutigen Daumen in Betrieb gesetzt wird und nicht nur das Gesicht, sondern das ganze Badezimmer bedeckt und dann, augenblicklich erstarrend, eine arktische Eiszapfenhöhle bildet, aus der ihn erst zwei Hotelpagen mit mißbilligenden Gesichtern befreien können; und natürlich ein Nylonhemd. Er kann es, so glaubt er treuherzig den Reklameanzeigen, selbst im Hotel waschen, über Nacht zum Trocknen aufhängen und es am Morgen anziehen, ohne es zu plätten. (In meinem Fall war wirklich kein Plätten nötig, denn, wie jemand grausam im Druck bemerkt hat, ich sah ohnehin wie ein ungemachtes Bett aus.)

Er wird auf der Station von einer ernsthaften kurzgeschorenen Kolonne riesiger Studenten markig willkommen geheißen, die alle mit Netz, Notizbuch, Giftfläschchen, Nadel und Etikett auf den Schmetterling Kultur Jagd machen, jeder mit mindestens sechsunddreißig furchtbar weißen Zähnen, und er wird hinwegbetreut, mit gewichtiger Behutsamkeit, wie eine schwachsinnige reiche Tante mit geringen Lebensaussichten. Hinein in ein Auto, in dem er eine kurze Strecke von bloß 70 oder 80 km in dichterbrecherischem Tempo dahingefahren wird und während der Fahrt ihre Annahme, daß er schwachsinnig sei, bestätigt, indem er auf die herzhaften Fragen, welche internationale Konferenz Stephen Spender denn augenblicklich besuche, oder was die Einstellung englischer Dichter zu den Arbeiten eines berühmten Amerikaners sei, dessen Namen er weder gekannt noch verstanden hat, zusammenhanglose Antworten in übertrieben englischem Akzent gibt. Er wird dann einer kleinen Gesellschaft von höchstens einigen hundert Leuten vorgestellt, die alle der Meinung sind, was ein Vortragender brauche, ehe er aufs Podium stolpere, seien gerade genug Martinis, um ihn wieder vom Podium herunterstolpern zu lassen. Und, fest an sein explosives Glas geklammert, tut er alsbald in einem Schwall von Unwissenheit und Geläufigkeit mit verächtlicher Gebärde die Dichtung jener mannweiblichen literarischen Damen ab, die drei Namen haben und auf Bestellung, wie ein Kellner Spaghetti serviert, eine

Art Wortektoplasma erzeugen, nur um schließlich herauszufinden, daß die feurigste dieser Damen, eine wohlhabende Jägerin kleiner schäbiger Löwen, wie er selbst einer ist, die den Busch des mittleren Westens mit scharf eingestellten Ohren und ebensolchem Gewehr durchstreift, gerade heute abend seine Gastgeberin ist. Von seinem Vortrag selbst bleibt ihm wenig im Gedächtnis, nur der Applaus und vielleicht ein, zwei Fragen: »Ist es wahr, daß die jungen englischen Intellektuellen wirklich psychologisch sind?« Oder: »Ich trage immer meinen Kierkegaard in der Tasche. Und was tragen Sie?« Spät in der Nacht in seinem Zimmer füllt er eine Seite seines Tagebuches mit einem verworrenen, aber beißenden Bericht über seine erste erledigte Verpflichtung. Er faßt die höhere Erziehung Amerikas in einem einzigen Absatz zusammen, der morgen sinnlos sein wird, und ergibt sich dem Schlummer, in dem er unverzüglich von einer Mrs. Mabel Frankincense Mehaffey mit einem Tablett voll Martinis und lyrischen Versen durch lange schwarze Dikkichte gejagt wird. Und der andere, der glückliche Dichter fährt bekleckert zurück nach New York, das er zuerst nur für einen Haufen von Schafen, die nie schlafen, gehalten hat, das ihm aber jetzt, nach den magengeschwürigen Beschwerden eines Vortragsreisefrühlings, ein Hafen dünkt, behaglich wie Zwieback, kühl wie ein Eisschrank, und sicher wie die Wolkenkratzer.

Laugharne

Hin und wieder, hinauf und hinab, hoch und trocken, Mann und Junge, habe ich jetzt seit fünfzehn Jahren oder Jahrhunderten in dieser zeitlosen, schönen, verrückten, verzückten Stadt gewohnt, in diesem fernen, siebenschläfernden, wichtigen Ort mit seinen Reihern, Kormoranen (die hier Entenböcke heißen), mit seinem Schloß, mit seinem Friedhof, seinen Seemöwen, Geistern, Gänsen, alteingesessenen Feindschaften, Schaudermärchen, Skandalen, Kirschbäumen, Geheimnissen, Dohlen in den Schornsteinen, Fledermäusen in den Oberstübchen der Türme, Skeletten in den Schränken, Wirtshäusern, Schlammkuhlen, Muscheln, Flundern und Brachvögeln, mit seinem Regen und seinen menschlichen und oft allzumenschlichen Geschöpfen. Und obgleich ich noch immer von Grund auf ein Fremder bin, werde ich doch kaum jemals mehr auf der Straße gesteinigt, und ich kann mich rühmen, mehrere von den Einwohnern und sogar einige von den Reihern beim Vornamen nennen zu dürfen.

Nun leben manche Leute in Laugharne, weil sie in Laugharne geboren sind und keinen guten Grund hatten, wegzuziehen. Andere zogen erst eigens her, aus einer Anzahl merkwürdiger Gründe, aus so weit entfernten und so unwahrscheinlichen Orten wie Tonypandy, oder sogar aus England. Und sie sind jetzt von den Eingeborenen aufgesogen worden. Einige sind im Dunkeln in die Stadt gekommen und sofort verschwunden, und man kann sie manchmal in bangen schwarzen Nächten hören, wie sie in leerstehenden verfallenen Häusern Lärm schlagen, aber vielleicht sind es auch nur die weißen Eulen, die dicht nebeneinander atmen, wie Gespenster im Bett. Andere sind fast ganz sicher hergekommen, um der internationalen Polizei zu entgehen, oder gar ihren Frauen; und dann gibt es hier auch die, die noch immer nicht wissen und auch nie mehr wissen werden, weshalb sie überhaupt da sind. Man kann sie jeden Tag der Woche sehen, wie sie langsam, benommen die Straße auf und ab wandern wie walisische Opiumesser, halb schlafend, in einer schweren staunenden Betäubung. Und einige kamen auch so wie ich, kamen einfach eines Tages nur für einen Tag, und gingen nie mehr weg, stiegen aus dem Omnibus aus und vergaßen wieder einzusteigen.

Was für einen Sinn, wenn überhaupt einen, unser Dasein in diesem zeitlosen, milden, beschwichtigenden Eiland von Stadt hat, mit seinen sieben Wirtshäusern, seinem einzigen tatsächlich besuchten Bethaus, einer Kirche, einer Fabrik, zwei Billardtischen, einem Bernhardiner (ohne Kognak), einem Polizisten, drei Flüssen, einer See, die zu Besuch kommt, einem Rolls-Royce, der Bratkartoffeln mit Fisch verkauft, einer Kanone (aus Gußeisen), einem Kanzler (aus Fleisch und Blut), einem Hafenbüttel, einem Danny Ray und einem bunten Durcheinander verschiedenster Vögel; da ist es nun einmal, und ein zweites Mal gibt es so etwas sonst nirgends.

Aber wenn man in einem Dorf oder einer Stadt in der Umgebung sagt, daß man aus diesem einzigartigen, aus diesem verführenden, alten, verlorenen Laugharne kommt, wo einige Leute schon in den Ruhestand zu treten beginnen, bevor sie noch zu arbeiten begonnen haben, und wo längere Reisen von etlichen hundert Metern oft nur zu Fahrrad unternommen werden, dann, ja, dann rücken die Vorsichtigen gleich ein Stück weit ab, und es wird geflüstert und geseufzt und unter dem Tisch angestoßen, und bewegliche Gegenstände werden schnell entfernt.

»Gehen wir lieber, bevor noch der Wirbel losgeht«, hörst du.

»Laugharne, das ist der Ort, wo sie mit Bootshaken raufen.«

»Alle Frauen dort haben Schwimmhäute an den Füßen.«

»Vorsicht, der böse Blick!«

»Dort darf man nie bei Vollmond hingehen!«

Die sind alle nur neidisch. Sie beneiden Laugharne darum, daß es sich nur um seine eigenen seltsamen Angelegenheiten kümmert; um seine kluge Verachtung für alle Eile; um seine Großzügigkeit, mit der es die Narrheiten anderer hinnimmt, weil es doch selbst schon so viele reife laut pfeifende Narrheiten hat. Sie beneiden es um seine Inselfederbettatmosphäre, um seine Philosophie, daß in hundert Jahren ohnehin alles eins sein wird. Sie sind ungehalten, daß Laugharne in ihren Augen so unrecht haben und es sich dabei doch so wohlsein lassen kann. Und aus Neid und Empörung verschreien sie es als märchenhaft faules kleines hexensabbatruhiges Narrenhaus am Meer. Und ist es das wirklich? Natürlich nicht die Spur! Hoffentlich nicht, wenigstens.

Rückreise

SPRECHER

Es war ein kalter weißer Tag auf der Hauptstraße, und nichts hielt den schneidenden Wind ab, der vom Hafen her kam, denn wo die würfelig untersetzten und hohen Warenhäuser die Stadt vor der See geschützt hatten, dort lagen ihre zerbombten flachen Gräber, mit Schnee als Marmor und mit Zäunen als Grabsteinen. Hunde, behutsam wie Katzen in einer Lache, stapften über die verschwundenen Gebäude, als hätten sie Handschuhe an den Pfoten. Jungen tollten, hell und laut rufend, über eine eingeebnete Drogerie und einen Schuhladen, und ein kleines Mädchen mit einer Männermütze warf einen Schneeball in einen kalten verlassenen Garten, der einmal *Die Kanne und Flasche des Prinzen von Wales* gewesen war. Ich konnte aus der Stadt den schneeumhüllten Hügel aufsteigen sehen, den man früher nie ordentlich hatte sehen können, und die gepuderten Felder der Dächer von Miltonterrasse und Watkinsstraße und Fullers Zeile. Mit Fischkörben, Netztaschen, Regenschirmen, Teufelsmützen, Pelzschuhen, blauen Nasen, blaubraunen Lippen, Scheuklappen gleich Brauereipferden, Wolltüchern, Fäustlingen, Galoschen, eingewickelt in alles bis auf die Katzendecke, knirschten Rudel von einkaufenden Frauen durch das kleine Lappland der ehemals grauen, schäbigen Straße, husteten und standen Schlange und sehnten sich nach heißem Tee, während ich frierend und früh an jenem bissigbösen Februarmorgen meine Suche kreuz und quer durch die Stadt Swansea begann. Ich ging ins Hotel. ›Guten Morgen‹.

Der Portier in der Hall antwortete nicht. Für ihn war ich einfach ein weiterer Schneemann. Er wußte nicht, daß ich jemand suchte, nach vierzehn Jahren, und er scherte sich auch nicht drum. Er stand und zitterte, und er starrte durchs Glas der Hoteltür auf die Schneeflocken, die vom Himmel herabgesegelt kamen wie sibirisches Konfetti. Die Bar machte gerade erst auf, aber ein Kunde schnaubte und fröstelte schon an der Theke, ein volles Glas halbgefrorenes Tawewasser in seiner wettergeschützten, dick vermummten Hand. Ich sagte guten Morgen, und das Barmädchen, das die Theke so emsig polierte wie ein seltenes wertvolles Stück Swanseaporzellan, sagte zu ihrem ersten Kunden:

BARMÄDCHEN
Schon den Film im Elysium gesehen, Mr. Griffiths? Schnee, was. Sind Sie mit dem Fahrrad heraufgekommen? Montag sind unsere Rohre geplatzt ...

SPRECHER
Bitte, ein Seidel Bitter.

BARMÄDCHEN
Ein richtiger kleiner Teich in der Küche. Gummistiefel muß man tragen, wenn man ein Ei kochen will. Ein Schilling vier, bitte ...

KUNDE
Dahier erwischts mich, wenns so kalt ist ...

BARMÄDCHEN
... und acht Pence Wechselgeld, das ist Ihre Leber, Mr. Griffiths. Schon wieder über den Kakao hergefallen, was ...?

SPRECHER
Könnten Sie mir vielleicht sagen, ob Sie sich an einen Freund von mir erinnern können? Er ist immer hierhergekommen, vor einigen Jahren. Jeden Morgen, so um diese Zeit.

KUNDE
Ja, genau hier erwischts mich. Ich weiß nicht, was erst wäre, wenn ich nicht mein Band tragen tät! ...

BARMÄDCHEN

Wie heißt er denn?

SPRECHER

Der junge Thomas war es.

BARMÄDCHEN

Eine Menge Thomases kommen her. Das ist hier so eine Art Zuhause für sie, wenn sie sich zu Hause nicht zu Hause fühlen; hab' ich nicht recht, Mr. Griffiths? Wie schaut er denn aus?

SPRECHER *(langsam)*

Er wird so 17 oder 18 sein ...

BARMÄDCHEN

... Ich war auch einmal 17 ...

SPRECHER

... und übermittelgroß. Ich meine übermittelgroß für Wales, 1 Meter 68½. Dicke Lippen, Stupsnase, mausbraune Locken; ein Vorderzahn ausgebrochen, als er im Wirtshaus *Zur Nixe* in Mumbles ein Spiel Hund und Katze gespielt hat. Spricht ziemlich geziert, dickköpfig, kann einem alles mögliche einreden, schneidet ein bißchen auf. Knickerbockerhosen, tipptopp, aber kein Frühstück, Sie kennen ja den Typ; Gedichte von ihm waren gedruckt im *Herold von Wales*. Eins war über eine Freiluftaufführung von *Elektra* im Garten von Mrs. Bertie Perkins in Sketty. Hat in der Oberstadt gewohnt; so einer, der geschwollen daherredet, eine Art ländlicher Bohemien mit einer Künstlerkrawatte mit einem Mordsknoten. Er hat sie aus dem Halstuch von seiner Schwester gemacht, nie hat sie herausgekriegt, wo es hingekommen ist, und ein flaschengrün gefärbtes Krickethemd hat er getragen. Ein vielredender, ehrgeiziger, kraftprotziger, prätentiöser junger Mann; und auch so eine Art Maulwurf: wühlerisch und wählerisch.

BARMÄDCHEN

Wie sich das nur anhört! Was wollen Sie denn *so* einen überhaupt finden; möcht ich doch nicht mit der Feuerzange anrühren! Hab ich recht, Mr. Griffiths? Freilich, man kann nie wissen. Ich weiß noch, ein Mann ist hergekommen mit einem Affen. Hat ein halbes Glas für sich bestellt und ein volles für den Affen. Und war nicht einmal ein Italiener. Hat walisisch gesprochen wie ein Prediger.

SPRECHER

Die Bar füllte sich. Beschneite Geschäftsbäuche zwängten ihre Uhrketten an den Schanktisch. Schwarze runde Geschäftsmelonen, die jetzt feucht und weiß waren wie ein Weihnachtspudding in seinem Musselintuch, schlugen Wellen vor den dunstbeschlagenen Spiegeln. Die Stimme des Handels hallte streng durch die Schankstube:

ERSTE STIMME

Kalt genug für Sie, was?

ZWEITE STIMME

Und was machen Ihre Wasserrohre, Mr. Lewis?

DRITTE STIMME

Noch so ein Winter, und es ist aus mit mir, Mr. Evans.

VIERTE STIMME

Ich hab die Grippe.

ERSTE STIMME

Einen Doppelten für mich!

ZWEITE STIMME

Für mich auch!

BARMÄDCHEN

O. K., Baby!

KUNDE

Ich glaube, ich erinnere mich an einen, wie Sie ihn beschrieben haben. Sowas kanns ja nicht zweimal geben; hoff ich wenigstens! Der hat als Berichterstatter gearbeitet. Unten in den *Drei Laternen* hab ich ihn öfters gesehen. Hat schon ganz schön einen gehoben.

[Vertraulich.]

SPRECHER

Wie siehts denn jetzt aus in den *Drei Laternen?*

KUNDE

In den *Drei Laternen?* Überhaupt nicht. Die sind nicht da. Weg. Nichts, mein Lieber. Erinnern Sie sich noch an Ben Evans sein Kaufhaus? Ist doch gleich nebenan. Und Ben Evanses gibts auch nicht mehr.

[Verklingt.]

SPRECHER

Ich ging aus dem Hotel hinaus, in den Schnee, und ging die Hauptstraße hinunter, vorbei an den flachen weißen Wüsten, wo alle die Läden gewesen waren, Eddershaws Möbel, Currys Fahrräder, Kleiderhaus Donegal, Doktor Scholls Fußklinik, Burton-Anzüge, W. H. Smith: Buch- und Papierhandlung, Boots Drogerie, Leslies Store, Upsons Schuhe, *Der Prinz von Wales,* Tuckers Fischhandlung, Stead & Simpson – alle die Läden zerbombt und verschwunden. Vorbei an dem Loch im Raum, wo Hodges & Clothiers gewesen waren, die Schloßstraße hinunter, vorbei an den unsichtbaren Läden meiner Erinnerung, an Prices Fünfzig-Schilling-Anzüge, Crouch, dem Juwelier, Potter-Gilmore-Kostüme, Evans Juwelen, Masters Ausstattungen, *Stil und Mantel,* Lennards Stiefel, *Formfest,* Kardoma-Café, R. E. Jones, Schneider Dean, David Evans, Zuckerbäcker Gregory, Bovega, Burtons, Lloyds Bank, und *nichts.* Und dann in die Tempelstraße eingebogen. Dort hatten die *Drei Laternen* gestanden; der alte Mac in seiner Ecke wie ein hoher Magistrat, und dort hatte auch der junge Thomas gestanden, den ich suchte, dort in der Ecke an Freitag-Zahltagabenden, mit

Freddie Farr Half Hook, Bill Latham, Cliff Williams, Gareth Hughes, Eric Hughes, Glyn Lowry, ein Mann unter Männern mit stutzerhaft schiefem Hut; dort in diesem behaglichen selbstzufriedenen exklusiven, aus König Edwards Zeiten stammenden Allerheiligsten des besten Bitterbiers ...

[Wirtshausgeräusche im Hintergrund.]

ALTER BERICHTERSTATTER

Weißt du noch, wie ich dich zum ersten Mal in die Totenhalle hinuntergenommen hab, junger Thomas? Er hat noch nie vorher 'nen Toten gesehen gehabt, Jungens! Bloß den alten Ron an einem Samstagabend. ›Wenn du ein richtiger Zeitungsmensch sein willst‹, habe ich ihm gesagt, ›da mußt du gut eingeführt sein in den richtigen Kreisen. Da mußt du *persona grata* sein im Leichenschauhaus, verstanden?‹ Ganz hellgrün ist er geworden, sage ich euch!

ERSTER JUNGER BERICHTERSTATTER

Schaut, jetzt wird er rot!

ALTER BERICHTERSTATTER

Und als wir hinkamen, was glaubt ihr, war? Die Anstreicher waren im Leichenschauhaus, das liebe alte Heim wieder ein bißchen schön herrichten! Oben auf Leitern, die Decke zurechtflicken! Und der junge Thomas hat sie gar nicht gesehen. Seine Kulleraugen konnten nicht los von der Marmorplatte, und wie einer von den Malern oben auf der Leiter mit ganz tiefer Stimme sagte: ›Guten Morgen, Gentlemen!‹, da fährt er auf in die Luft und zum Leichenschauhaus hinaus wie ein Frettchen. Na, jetzt lacht!

BARMÄDCHEN *(abseits)*

Sie haben schon genug gehabt, Mr. Roberts. Sie haben genau gehört, was ich gesagt hab!

[Geräusch eines sanften Handgemenges.]

ZWEITER JUNGER BERICHTERSTATTER *(leichthin)*
Da geht Mr. Roberts!

ALTER BERICHTERSTATTER
Na, gar nicht schlecht! Sehr zart schmeißen sie einen raus in dieser Kneipe ...

ERSTER JUNGER BERICHTERSTATTER
Habt ihr mal den jungen Thomas gesehen, wie er unten in der Vetch über ein Fußballmatch berichtet hat? Nach *Punkten* wollte er ausrechnen, wies stand!

ZWEITER JUNGER BERICHTERSTATTER
Und oben in der Mannesmann-Halle, wie er schrie: ›Gute Fußarbeit!‹; und dabei torkelten ein paar Bergarbeiter herum, ganz dösig vor Boxhieben, wie die Jumboelefanten.

ERSTER JUNGER BERICHTERSTATTER
Was hast du denn heute an Neuigkeiten aufgeschnappt, junger Thomas?

ZWEITER JUNGER BERICHTERSTATTER
Thomas mit den zwei Schreibmaschinen, der König der Nachrichtendetektive! ...

ALTER BERICHTERSTATTER
Laß uns mal in deinen Notizblock reinschauen! *[Liest:]* Bei der Britischen Legion nachgesehen: nichts. Im Hospital nachgefragt: ein gebrochenes Bein. Versteigerung im Metropol. Mister Beynon anrufen, in Sachen Gymanfa Ganu. Lunch: Glas Bier und Fleischpastete im Singleton mit Mrs. Giles. Basar in der Bethesda-Kapelle. Schornsteinfeuer in der Tontinestraße. Sonntagsschule in Walters Road macht einen Ausflug. In Skewen proben sie den *Mikado* ... Mensch! Lauter große Sensationen! Titelseite!

[Verklingt.]

SPRECHER

Die Stimmen von vor vierzehn Jahren hingen schweigend im Schnee und in den Ruinen, und durch den fallenden Wintermorgen ging ich weiter, durch die weiße verwüstete Stadtmitte, wo einmal ein sehr junger Mann, den ich kannte, herumgewühlt hatte, zwitscherkeck wie ein Spatz, nach den Brosamen und Abfällen, nach dem Kleingeld einer Stadt. In der Nähe des Gebäudes der *Abendpost*, nicht weit vom Trümmerrest des Schlosses, hielt ich einen Mann an, dessen Gesicht mir bekannt vorkam, wie von vor langer Zeit. Ich sagte: ›Ich wüßte doch gern, ob Sie mir sagen können ...‹)

PASSANT

Ja?

SPRECHER

Er spähte unter den Decken seiner Schals und unter den Schneeballen seines gestrickten Taucherhelms hervor wie ein Eskimo mit schlechtem Gewissen. Ich sagte: ›Ob Sie mir sagen können, ob Sie jemand gekannt haben, den man den jungen Thomas nannte. Er hat für die *Abendpost* gearbeitet und einen Überrock getragen, manchmal mit dem karierten Futter nach außen, so daß man auf ihm Riesenschach hätte spielen können. Er trug auch eine selbstbewußte Woodbinezigarette ...‹

PASSANT

Was meinen Sie mit selbstbewußter Woodbinezigarette?

SPRECHER

›... und eine schiefe Schweinepastete mit einer Pfauenfeder auf dem Kopf. Und er hat immer versucht, wippend zu gehen wie ein richtiger Sensationsgeier, sogar dann, wenn er nur von einer Versammlung der *Büffel von Gorseinon* Bericht zu erstatten hatte.‹

PASSANT

Ach, den!? Der schuldet mir noch zweieinhalb Schilling. Ich habe ihn schon nicht mehr gesehen, seit es das alte

Kardoma-Café nicht mehr gibt. Damals war er kein Berichterstatter. Kam eben erst von der Mittelschule. Er und Charlie, Charlie Fisher – Charlie hat jetzt einen Schnauzbart – und Tom Warner und Fred Janes, alle haben sie Milchkaffee getrunken und um die Wette diskutiert.

SPRECHER
Worüber denn?

PASSANT
Über Musik und Dichtung und Malerei und Politik, Einstein und Epstein, Strawinsky und Greta Garbo, Tod und Religion, Picasso und Mädchen …

SPRECHER
Und dann?

PASSANT
Kommunismus, Symbolismus, Kricket und Bradman, Braque, das Wachkomitee, freie Liebe, freies Bier, Mord, Michelangelo, Ping-pong, Ehrgeiz, Sibelius und Mädchen …

SPRECHER
Ist das alles?

PASSANT
Wie Dan Jones die großartigste Symphonie komponieren würde, und Fred Janes das fabelhafteste, das allergenaueste Bild malen, und Charlie Fisher die größte Forelle fangen und Vernon Watkins und der junge Thomas die kochendsten Gedichte schreiben würden, wie sie alle Glocken von London läuten und die Stadt hochnehmen würden wie so ein Mächen …

SPRECHER
Und dann nachher?

PASSANT
Ach, das Zischen der Zigarettenstümpfe in den Milchkafeeresten, und das Klimpern und Schnickschnacken der

morgenjungen grünschliefrigen Kaffeehauseidechsen, wenn sie über Augustus John, Emil Jannings, Carnera, Dracula, Amy Johnson, Probeehe, Taschengeld, das Meer in Wales, die Stars in London, den Gorilla King-Kong, Anarchie, Wettschießen, T. S. Eliot und Mädchen sprachen ... Brrr, ist das eine Kälte!

SPRECHER

Und weiter lief er, in den derwischtanzenden Schnee hinein, ohne Guten Morgen oder Adieu, eingehüllt in seine Winterwollsachen wie ein Mann in die Insel seiner Taubheit, und ich hatte das Empfinden, daß er vielleicht gar nicht stehengeblieben war, um mir von einem weiteren verflossenen Stadium in der Laufbahn des Jungen zu erzählen, dem ich auf der Spur war. Das Kardoma-Café war dem Schneeboden gleichgemacht, die Stimmen der Kaffetrinker, Dichter, Maler und Musiker in ihrem ersten Flaum waren verloren in den willigen oder widerwilligen Flug der Jahre und der Flocken.

Die Collegestraße hinunter ging ich dann, vorüber an den unsichtbaren Läden meiner Erinnerung, an Langleys, Castle Zigarren, T. B. Brown, Pullars, Aubrey Jeremiah, Goddard Jones, Richards, Hornes, Marles, Pleasance & Harper, Star-Zubehör; dann Sidney Heath, das Wesley-Bethaus, und *nichts* ... Meine Suche führte mich durch Wirtshaus und Arbeitsplatz und Café zurück zur Schule.

[Verklingende Schulglocke.]

SCHULMEISTER

Ach ja, ja, ich entsinne mich seiner gut,
obwohl ich nicht weiß, ob ich ihn jetzt erkennen würde:
Keiner wird jünger, und besser wird auch kaum einer,
und Jungen werden so ziemlich die Männer, die man voraussah,
obwohl manchmal natürlich die Schnurrbärte einen verwirren,
und man es schwer findet, seine Erinnerung an einen kleinen,
nicht zu sauberen Lausbuben, der vergeblich versucht,
sich von Hausarbeiten zu drücken,

mit einem feurigen medaillenbehängten Feldwebel zu vereinen,
der drei Kinder hat, oder mit einem geschiedenen Bücherrevisor;
und es ist schwer zu begreifen,
daß irgendein kleiner zerzauster rebellischer Junge, dessen einziger Anspruch
auf Ruhm in seiner Klasse sein unbestrittenes Recht war,
auf die Meisterschaft im Weitspucken Anspruch zu erheben,
heute vielleicht mein eigener Bankdirektor sein kann.
Ach ja, ich entsinne mich seiner genau, des Jungen, den Sie da suchen.
Er sah aus wie die meisten Jungen, nicht besser, nicht klüger oder manierlicher,
er schwindelte, schrieb ab, verschüttete Tinte, klapperte mit dem Pult und
vertat seine Schulstunden ganz wie die schlechtesten Schüler.
Er konnte schmieren, ausweichen, grinsen, sich winden, jammern, wehklagen,
aufschneiden, zudringlich sein, rot werden, schwindeln, nichtssagende Antworten geben,
er konnte stammeln, improvisieren, und alles mögliche vorschützen,
gekränkte Würde oder gerechte Empörung, als sei ihm das angeboren.
Trübselig und widerwillig am Mittwoch, wenn halbtags frei war,
mußte er nachsitzen, für irgendein kleines Verbrechen
in Turnlehrer Vogels Stunde, dem sie witzig den Spitznamen gaben
Oiseau, und er war ein regelmäßiger Gast
der strafweisen Extraklassen, versteckte sich im Waschraum vor der Algebrastunde,
wurde, als er noch neu war, von größeren Jungen in die Büsche am unteren Spielplatz geworfen, und warf dann selber
Neue in die Büsche am unteren Spielplatz,
als er schon größer war.

Bei den Schulgebeten rutschte er hin und her,
er unterbrach selbstgefällig
mit den altbekannten unehrerbietigen Worten unsere Morgenhymne,
er half den Rhabarber des Schuldirektors zertreten,
er war der Dreiunddreißigste in Sphärischer Trigonometrie,
und, wie man erwarten kann, Redakteur des Schulmagazins.

SPRECHER

Das Schulgebäude ist zerstört, die hallenden Korridore sind verbrannt, wo er gekritzelt und geschmiert und in den langen grünen Tagen gegähnt und auf die Glocke und auf das In-den-Hof-Rennen gewartet hat: die Schule auf dem Hügel von Mount Pleasant hat ihr Aussehen und ihre Methoden verändert. Bald, sagen sie, wird es vielleicht überhaupt nicht mehr die Schule sein, die er gekannt und geliebt hat, als er ein Junge war, an dem nichts gut war als einzig und allein das Blut in seinen Adern: Bomben haben die Namen aus der Schulhalle ausgelöscht und die eingeschnitzten Initialen aus dem zerbrochenen Holz gebrannt. Aber die Namen bleiben. Welche Namen der Toten kannte er? Wen von den ehrenvollen Toten auf der Ehrenliste der Schule kannte er vor so langer Zeit? Die Namen der Toten im lebendigen Herzen und Kopf bleiben für immer. Wen von allen Toten kannte er?

[Friedhofsglocke.]

STIMME

Evans, K. J.	Bazzard, F. H.
Haines, G. C.	Beer, L. J.
Roberts, I. L.	Bucknell, R.
Moxham, J.	Tywford, G.
Thomas, H.	Vagg, E. A.
Baines, W.	Wright, G. …

[Glocke verklingt.]

SPRECHER

Dann lavierte ich den schneeblinden Hügel hinunter; eine neunstürmige Katze schwänzelte und geißelte vom Meer her, und weiß und daunenbedeckt im erstickenden Gestöber stapften Menschen an mir vorbei, hinauf und hinunter, wie umherstreichende Federbetten. Und ich watete durch die knöchelhohe fußtiefe eine einzige Wolke, die die Stadt mit weißem Schaum bedeckte, in die eingeebnete Gowerstraße mit ihren dahingeschmolzenen Gebäuden, und die lange Helenengasse entlang. Nun führte mich meine Suche zurück zum Strand.

[Sachtes Geräusch des Meeres.]

SPRECHER

Nur zwei lebende Wesen standen auf der Promenade, in der Nähe des Kriegerdenkmals, und schauten hinaus auf das windzerschmissene Kristallglasmeer: Ein Mann in einem zerfressenen Schal und einer Jagdmütze, und ein zorniger Hund von gemischter Herkunft. Der Mann bebte vor Kälte, schlug die bloßen blauen Hände aneinander und wartete, daß ihm die See oder der Schnee irgendein Zeichen geben sollten. Der Hund schrie das Wetter an und heftete seine blutunterlaufenen Augen auf die vorspringende Steilküste von Mumbles. Aber als der Mann und ich miteinander sprachen, verzichtete der Hund aufs Wort. Er heftete seine Augen auf mich und machte mich für den Schnee verantwortlich. Der Mann sprach aufs Meer hinaus. Jahrein, jahraus, bei jedem Wetter, einmal am Tag und einmal in der Nacht kam er und sah aufs Meer hinaus. Er kannte alle die Hunde und die jungen und alten Männer, die kamen, um das Meer zu sehen, die auf dem Sand liefen oder herumhüpften oder sich am Rande der Wellen hinbeugten, als untersuchten sie einen wilden weiten rollenden Mülleimer. Er kannte die Liebespaare, die sich in die Sandhügel legten, und die marschierenden Mannweiber, die ihre Terrier anbrüllten wie Tigerbändiger, und die diskutierenden Männer, deren Arbeit in dieser Welt es war, der großen Arbeit des Meeres zuzusehen. Er sagte:

PROMENADEMANN

Ach ja, ja. Erinnern tu mich gut an ihn, aber keinen Namen hab ich nicht gewußt. Ich weiß keine Namen nicht, von keinem von den Sandjungen. Die wissen ja auch nicht, wie ich heiß. So vierzehn, fünfzehn Jahre alt, sagen Sie, mit einer kleinen roten Mütze? Und unten an der Mündung vom Viviansbach hat er meistens gespielt? Er hat unter den Eisenbahnviadukten herumgestanden, sagen Sie, und sich an der Bahnstrecke unnütz gemacht und auf die alte See hinausgerufen. Auf den Dünen soll er sich herumgetrieben und die Öltanker und Schlepper und Bananenschiffe aus dem Hafen kommen gesehen haben. Er hat gesagt, er wird davonlaufen und zur See gehen, hat er gesagt? *Ja, ich weiß!* Am Samstagnachmittag ist er hinuntergegangen ans Meer, wenn es weit zurückgewichen ist zur Ebbezeit, und hat den Nebelhörnern zugehört, wenn er auch die Schiffe nicht sehen konnte. Und an Sonntagabenden nach der Kapelle ist er immer mit seinen Spießgesellen auf der Promenade herumspaziert und hat hinter den Mädchen hergepfiffen.

MÄDCHEN *(kichernd)*

Weiß deine Mutter, daß du nicht zu Hause bist? Geh schon weg; hör auf uns nachzulaufen!

[Ein zweites Mädchen kichert.]

MÄDCHEN

Du, sag du nur kein Wort nicht, Hetty! Tust ihn sonst nur ermutigen. Nein, ich danke Ihnen schön, Musje Frechdachs, mit Ihrem pickfeinen Kristallglasakzent und dem Herrn Papa seinen Hut! Ich will keinen Spaziergang in keinen Sanddünen nicht machen. *Was* haben Sie gesagt? Da hör zu, Het! hör ihm nur zu, der hat ein Wörterbuch verschluckt! Nein, ich will mit niemand nicht in keiner Allee im Mondschein gehen, verstanden!? Und Kinderverführerin bin ich auch keine nicht! Ich hab Sie in die Schule gehen sehen in der Terrassenstraße, Monsieur Augenblinzler, mit Ihrem kleinen Schulranzen und Ihrer roten Mütze und überhaupt. Was!? Sie haben mich gesehen mit meinem ... Nein, das ist nicht wahr! Hetty! Gib acht auf deine Brille! Hetty Harris, du bist grad so arg wie die! Also, geh doch endlich weg und mach deine Hausübungen, verstanden?! Nein, nicht ich! Ich bin niemandes Hausübung nicht! Hetty Harris, untersteh dich nicht und laß ihn! Nein, so eine Frechheit! ... Also schön, aber nur bis ans Ende von der Promenade, verstanden? Aber nicht einen Schritt weiter ...

PROMENADEMANN

Ach ja, ich hab ihn gut gekannt. Ich hab ihn zu Tausenden gekannt.

SPRECHER

Sogar jetzt, auf dem gefrorenen Strand vor den Klippen, schlitterte ein schriller ferner Jungenschrei, ganz wie von dem Jungen, den ich suchte, über das Glas der Bachmündungen, und wurde zurückgeworfen wie ein Schneeball, vom Himmel und von seinem eigenen Echo. Dann ging ich meinen Weg weiter, fort vom Meer, die Brynmillterrasse hinauf, und bog in die Glanbrydan Avenue ein, wo Bert Trick einen Krämerladen gehabt und in der Küche bei Sandwiches und Gelee und Blancmange der herrschenden Klasse den Untergang angedroht hatte. Und ich kam zu den Läden und Häusern der Oberstadt. Hier in dieser Nachbarschaft hatte die Reise dessen, den ich durch seine Vergangenheit verfolgte, begonnen.

[Alte Piano-Kinomusik im Hintergrund.]

ERSTE STIMME

Da stand damals das Flohkino, wo er den skalpierenden Indianern mit Jack Basset seine Kriegsrufe entgegenschmetterte, und sein Piffpaff den Donnerbüchsen der Pferdediebe.

SPRECHER

Jackie Basset, gefallen.

DRITTE STIMME

Da war einmal Mrs. Fergusons Laden, die die besten Lutschbonbons und Überraschungstüten für einen Groschen verkaufte, und auch eine Art süßen Klebstoff.

ERSTE STIMME

In den Feldern hinter Cwmdonkin Drive machten die Murrays Jagd auf ihn und auf alle Katzen.

ZWEITE STIMME

Jetzt kein Feuer mehr, wo die Lagerfeuer der Geächteten brannten und die paradiesischen Kartoffeln in der Asche rösteten.

DRITTE STIMME

Im Graig am Fuße des Stadthügels war er ein einsam jagender Wildtöter, der die Wölfe jagte (oder die Kaninchen) und den Stamm der roten Sioux (oder die Brüder Mitchell).

[Kinomusik verklingt, Kinderstimmen rezitieren im Hintergrund die Namen der Grafschaften von Wales.]

KINDERSTIMMEN

Pembroke,
Cardigan,
Carmarthen,
Glamorgan ...

ERSTE STIMME

In der Mirador-Schule hat er lesen und rechnen gelernt. Wer hat die häßlichsten Bastuntersätze gemacht? Wer hat das Wasser in Joyces Galoschen geschüttet, jeden Morgen verläßlich wie die Schuluhr? Am Nachmittag, wenn die Kinder artig waren, lasen sie laut aus dem Struwwelpeter, aber wenn sie schlimm waren, dann saßen sie allein im leeren Klassenzimmer und hörten von oben her die ferne, furchtbar traurige Musik der späten Klavierstunde.

[Die Kinderstimmen verklingen, die Klavierstunde geht im Hintergrund weiter.]

SPRECHER

Und ich ging hinauf, durch die weiße Allee, in den Cwmdonkin-Park, und der Schnee segelte immer noch, und die kindische einsame nachklingende Musik fingerte weiter im plötzlich sanftgewordenen Wind. Die Abenddämmerung schlug ihre Falten um den Park, wie ein zweiter, dunkler Schnee. Bald würde die Glocke läuten, zum Zeichen, daß die Tore geschlossen wurden, obwohl der Park ohnehin leer war. Der Parkwächter machte seine weißen Rundgänge, am Reservoir entlang, wo Schwäne geglitten waren. Ich stellte ihm meine Fragen und ging neben ihm her, die schneeverhüllten Wege hinauf, vorbei an begrabenen Beeten und schwerbeladenen völlig stillen dickbepelzten vogellosen Bäumen, zum letzten Tor hin. Er sagte:

PARKWÄCHTER

Ach ja, ja; ich hab ihn gut gekannt. Er ist immer auf das Reservoirgeländer geklettert und hat nach den alten Schwänen geschmissen. Wie ein junger Ziegenbock ist er übers Gras gerannt, wo er hätte von wegbleiben sollen. Hat Zweige von den Bäumen abgeschnitten und Worte in die Parkbänke geschnitzt; im Felsengarten das Moos ausgerissen, und schnippschnapp durch die Dahlien gesäbelt. Im Musikpavillon gerauft, auf die Ulmen geklettert und oben in den Wipfeln gemaunzt wie ein Uhu. In den Büschen Feuer angezündet. Auf der grünen Böschung gespielt. Ja, ja, ich hab ihn gut gekannt. Ich glaube, er war immerzu lustig. Ich hab ihn zu Tausenden gekannt.

SPRECHER

Wir hatten das letzte Tor erreicht. Die Abenddämmerung zog sich um uns und um die Stadt zusammen. Ich fragte: ›Was ist jetzt aus ihm geworden?‹

PARKWÄCHTER

Tot.

SPRECHER

Der Parkwächter sagte:

[Die Parkglocke läutet.]

PARKWÄCHTER

Tot … Tot … Tot … Tot … Tot … Tot …

Zweiter Teil

Wilfred Owen

Dies ist kein Buch von Helden. Die Dichtung Englands
ist noch nicht
fähig, von ihnen zu sprechen. Es ist auch kein Buch von
Taten oder Ländern,
und auch nicht von Ruhm, Ehre, Herrschaft oder Macht,
nur vom Krieg.

Vor allem geht es diesem Buch nicht um Dichtung.
Sein Thema ist der Krieg und der Jammer des Krieges.
Die Dichtung liegt im Jammer.
Und doch richten sich diese Elegien nicht an diese
Generation, und es ist keineswegs als Trost
gemeint.

Vielleicht richten sie sich an die nächste.
Alles, was der Dichter heute tun kann, ist warnen.
Darum müssen die wahren Dichter die Wahrheit sagen.

Und das ist Wilfred Owens Vorwort zu einem Band seiner Gedichte, der England und der unduldsamen Welt die Dummheit, Unnatur, Entsetzlichkeit, Unmenschlichkeit und Ununterstützbarkeit des Krieges zeigen und die heroischen Lügen entlarven sollte, so daß alle sie erleiden und sehen konnten, die Bereitwilligkeit der Alten, die Jungen zu opfern, die Gleichgültigkeit, die Trauer, die Seele der Soldaten.

Dieser Band, wie er Wilfred Owen im Schützengraben, Granattrichter und Lazarett vorschwebte, im irren Mittelpunkt der Schlacht, in der zusammengesackten und ahnungsvollen Stille des Krankenurlaubs, ist nie erschienen. Aber viele der Gedichte, die in diesen Band aufgenommen werden sollten, sind geblieben, mit all ihrer Angst, wie damals, mit ihrer fortdauernden Schönheit, ihrer offenbaren Wahrheit und ihrer unbeachteten Warnung.

Wilfred Owen wurde 1893 geboren und 1918 getötet. Mit

fünfundzwanzig Jahren war er der größte Dichter des ersten großen Krieges. Vielleicht wird er in Zukunft, wenn es dann noch Menschen gibt, die lesen, – und damit will ich sagen, wenn es dann überhaupt noch Menschen gibt – als einer der großen Dichter aller Kriege betrachtet werden. Aber nur der Krieg selbst kann das Problem der endgültigen Wahrheit seiner Dichtung oder der Dichtung irgendeines anderen wirklich lösen, der Krieg oder das Aufhören der Kriege.

Und dieses Mal, da, nach den Worten eines amerikanischen Kritikers, das Weltpublikum Zeuge dessen ist, was sehr wohl der letzte Akt seiner eigenen Tragödie sein könnte, und auf Hauptdarstellern besteht, die unsinnig genug sind, einen Weltuntergang zu inszenieren, spricht die Stimme der Dichtung Wilfred Owens zu uns von den kreisenden Bühnen dreier Jahrzehnte herab mit furchtbarer neuer Bedeutung und Stärke. Wir hatten seine Dichtung nicht vergessen, aber vielleicht hatten wir uns gestattet, ihrer nur als der Stimme *einer* ganz besonderen Zeit, *eines* Ortes, *eines* Krieges zu gedenken. Nun, am Anfang dessen, was in Zukunft Geschichtsschreibern vielleicht niemals als das Atomzeitalter bekannt sein wird – aus dem einfachen Grund, daß es vielleicht keine Geschichtsschreiber geben wird –, können wir beim Wiederlesen Owens sehen, daß er ein Dichter aller Zeiten, aller Orte und aller Kriege ist. Es gibt nur einen Krieg: den Krieg von Menschen gegen Menschen.

Owen hat uns weniger als sechzig Gedichte hinterlassen, viele davon vollendete Kunstwerke, manche davon Fragmente, manche in einigen Fassungen und Korrekturen; und das letzte von all seinen Gedichten erstirbt mitten in einer Zeile: »Laß uns nun schlafen …« Ich werde nicht versuchen, seinen kurzen Lebenslauf nachzuzeichnen, von den ersten Nachahmungen seines geliebten Keats bis zum letzten überströmenden Flüstern »Schlafen« unten in den tiefen und widerhallenden Tunnels seiner »Seltsamen Begegnung«. Das hat schon Edmund Blunden getan, mit Geschick und Liebe, in der Einführung zu seiner wahrscheinlich endgültigen Ausgabe der Gedichte. Seine gesammelten Gedichte sind ein kleines, gewaltiges Buch. Die Arbeit – und gearbeitet hat er immer an seinen Gedichten wie ein

Besessener oder wie eben ein Dichter – schritt von einer schwellenden Verzierung der Sprache, von einer blendenden, aber nur geborgten Melodie und einem ehrlichen Gefühl fort zu dunklen, schweren Assonanzen und Rhythmen, zu geläuterten und ineinander verwachsenen Worten, zu zürnendem Mitleid und prophetischem Ausspruch.

Aber das alles sind nur Worte, nur meine Worte. Wir wollen ihn hören, bevor wir versuchen ihn zu sehen, zu sehen auf irgendeiner flammenerhellten Lichtung auf den Schlachtfeldern Frankreichs und der Erde. Dieses Gedicht heißt *»Ausgesetzt«*.

I.

Unsere Hirne schmerzen in mitleidlos eisiger Ostwinde
Klammern …
Müd halten wir uns wach, denn die Nacht ist voll
Stille …
Leuchtkugeln verwirren unseren Sinn für die Stelle.
Die Posten, bestürzt von der Ruhe, flüstern, klamm und
beklommen …
Doch nichts geschieht.

Wir wachen und hören den irren Wind am Stacheldraht
zerrn,
Wie Männer, die zuckend verrecken in seinen Dornen-
hecken.
Im Norden der Artillerie endloses Flackern und Hacken,
Wie eines anderen Krieges ferner, gedämpfter Zorn,
Was tun wir hier?

Des Tagesanbruchs Elend wird langsam bitter und
groß …
Wir wissen: Krieg geht weiter, Regen näßt, Wolken
tropfen.
Im Osten sammelt der Morgen seine traurigen trüben
Truppen,
Greift wieder an in Reihen um Reihen zitternden Graus,
Doch nichts geschieht.

Auf einmal streichen Kugeln da und dort durch die Stille,
Nicht tödlicher als die Luft, die schaudert schwarz vor
Schnee,
Im Fluß der Flocken, die fliegen dort und da
Und tanzen im Wind und bleiben an keiner Stelle...
Doch nichts geschieht.

II.

Blasse Flocken, verzagt und heimlich, tasten nach
unserm Gesicht
Wir hocken in Löchern, gelehnt an vergessne Träume,
vom Schnee gestellt
Und schauen tief in Gräben voll Gras. So dösen wir,
sonnegestillt
Von Blütenblättern bedeckt, dorthin, wo die Amsel uns
sucht.
Ist's, daß wir sterben?

Unsre Geister ziehn langsam heim, dort flackert Kamin-
feuerbrunst,
Dunkelrot Schlackenjuwelen, und Heimchen zirpen und
tönen.
Die harmlosen Mäuse freun sich viel Stunden: das Haus
gehört ihnen.
Läden und Türen sind alle geschlossen: geschlossen für
uns –
Wir kehren zurück zu unserem Sterben.

Weil wir glauben, sonst könnten freundliche Feuer nicht
brennen,
Noch Sonnen je scheinen gut auf Kind oder Feld oder
Frucht.
Dem unbesiegbaren Frühling Gottes gilt unsere Furcht:
Dazu sind wir geboren, dazu liegen wir hier bei den
Würmern.
Denn Gottes Liebe scheint zu sterben.

Heut nacht breitet sich Sein Frost auf den Schlamm und
uns selber aus.
Runzelt Stirnen stier und läßt Hände erstarren zu
Fängen.

Die Totengräber-Patrouille, Spaten in zittrigen Fingern,
Hält vor halbbekannten Gesichtern. All ihre Augen sind
Eis. –
Doch nichts geschieht.

Wer hat das geschrieben? Ein Junge von 23 oder 24 Jahren, in bequemen Verhältnissen geboren und erzogen, ernsthaft, literaturbeflissen, scheu, nie zuvor etwas Rauherem »ausgesetzt« als einer Überfahrt über den Ärmelkanal, mit einer Vorliebe für Endymion und frische Luft, bisher Studienhelfer an der Universität. Kurz zuvor, in Briefen an seine Mutter von der Somme im Jahre 1917, in jenem höllischen Winter, hat er noch geschrieben: »Es ist ein großes heldisches Gefühl, in Frankreich zu sein, und ich bin durchaus guten Mutes.« ... Oder er schrieb von seinen Kameraden: »Die rauheste Gesellschaft hartgesottener Sünder, in die ich je gepfercht wurde.« Als er zum ersten Mal die Kanonen hörte, schrieb er: »Es war ein Ton nicht ohne etwas Erhebendes.«

Und *dieser* junge Mann, der zuerst so konventionell, so sehr im Einklang mit seinen vorgefaßten Ideen von »Kampfesruhm« und ähnlichem Zeug reagiert hatte – Ideen, die er sehr bald darauf zerfetzen und zu Schlacken verbrennen sollte, – war es, der dieses Gedicht geschrieben hat. Es war dieser junge Mann in Stahlhelm und Lederwams, in Fausthandschuhen, Gummistiefeln, im frierenden Regen der überfluteten Schützengräben, im Schlamm, der kein Schlamm war, sondern ein Riesenkrake aus saugendem Lehm, der die *»Hymne für die todgeweihte Jugend«* schrieb:

Die sterben wie das Vieh. Was Totenglocken!?
Nur der Kanonen ungeheurer Zorn,
Nur stotternde Gewehre ohne Stocken
Stammeln ihr hastiges Stoßgebet dort vorn.

Kein Spott für sie, kein Läuten und kein Beter
Und keine Trauerstimme. Chöre nur:
Granatenchor: schrill jaulendes Gezeter,
Und dann Trompetenruf von trüber Flur.

Wer hält auf ihren Weg der Kerzen Schein?
Nicht Knabenhände. Nein, in euren Blicken
Soll heiliges Licht zum Abschied ihnen nicken.

Der Mädchenstirnen Weiß soll ihnen Bahrtuch sein,
Statt Blumen soll man zärtlich an sie denken,
Und jede Dämmerung soll Schleier für sie senken.

Darin liegt kein Widerspruch. Der lerneifrige, gesunde junge Mann mit seiner Liebe zur Dichtung, wie wir ihn gegen den sicheren Hintergrund der Schule, der Universität und seiner Aufgaben als Studienhelfer sehen, ist genau derselbe, wie der düstere aber strahlende, selbstlose, entlarvende aber auch erhebende, unendlich zarte, demütige, aufgewühlte Seher und Verkünder der Hymne für die todgeweihte Jugend unf für sich selbst. Es ist kein Unterschied, nur daß ihm die Welt geschehen ist. Und, wie Yeats einmal gesagt hat, alles geschieht in einem Lodern von Licht.

Die Welt war ihm geschehen. All ihr Leiden bewegte sich um ihn her und in ihm. Und sein intensives Mitgefühl für alle menschliche Furcht, für alle Angst und allen Schmerz und alles Leid erhielt die Stimme einer Posaune. Er wußte, so sicher, als wären ihm die Worte mit lauter Stimme verkündet worden, und das waren sie auch, obwohl sie die Worte der Wunden waren, von der Gestalt der Toten und von der Farbe des Blutes; er wußte, daß er allein unter den Menschen stand, um ihr Fürsprecher zu werden in ihrem Todeskampf, um die Mauern der Unwissenheit, des Hochmuts, der Kanzel und des Staats zu zerbrechen. Er stand da wie jedermann im Niemandsland:

Es ist wie der ewige Ort des Zähneklapperns; der Pfuhl der Verzweiflung konnte nicht Platz finden in einem seiner Kraterlöcher, die Feuer von Sodom und Gomorra könnten ihm keine Kerze entzünden – kein Licht, um einen Weg nach Babylon, der Gefallenen, zu finden.

Und aus diesem Erlebnis heraus schrieb er das Gedicht *»Größere Liebe«*.

Rote Lippen sind nicht so rot
Wie diese Stellen an Steinen, die die Engländer küßten
im Tod.
Der Liebenden zartes Beisammensein
Scheint Schande neben dieser Liebe rein.
Liebste, dein Auge ladet nicht mehr ein
Wenn ich die Augen seh, an meiner Statt verloht.

Dein Körper, der zart sprießt,
Zittert nicht zart, wie Glieder dolchgespießt
Die rollen, rollen außer Rand und Band
Von Gott nicht mehr erkannt,
Bis ihrer Liebe Brand
In letzter Brüchigkeit des Todes schließt.

Dein Mund singt nicht so schön,
Ob er auch raunt wie Wind in Giebelhöhn,
Er ist nicht wunderbar
Nicht zart und abendklar
Wie ihre Lippen (uns nun unhörbar)
Seit Erde stopft der Münder Notgestöhn.

Herz, du warst niemals heiß,
Nicht groß, voll, wie ein Herz voll heißen Bleis.
Ist blaß auch deine Hand:
Blasser ich fand
Sie, die dein Kreuz durch Hagel ziehn und Brand.
Wein, du darfst weinen, denn du rührst nicht ihren Kreis.

Es war unmöglich für ihn, die Austeilung des Leides an sich vorübergehen zu lassen. Er konnte von keiner Wunde aussagen, die nicht seine eigene war. Er hatte so viele Tode zu sterben, und nur ein so kurzes Leben, in dem er sie alle erleiden mußte. Es hat keinen Sinn, sich vorzustellen, was aus Owen geworden wäre, wenn er weitergelebt hätte. Owen mit 26 oder 27 Jahren, ausgesetzt der Hysterie und den explodierten Werten eines falschen Friedens. Oder Owen heute, 53 Jahre alt, und die halbe Welt hungernd. Über Lebensalter und über Gedichte kann man nicht verallgemeinern. Die Gedichte eines Menschen, wenn sie gut sind, sind immer älter als er selbst, und manchmal sind sie alterslos. Wir wissen, daß die Form und die Struktur seiner Gedichte sich immer rastlos verändert hätte, wenn auch der Zweck hinter Struktur und Form sicher unabänderlich geblieben wäre. Owen hätte immer technische Experimente gemacht, wäre immer tiefer und tiefer zur endgültigen Intensität der Sprache vorgestoßen: zu den Worten hinter den Worten. Dichtung ist ihrer Natur nach ein Experiment. Alle dichterischen Antriebe treiben zur Schaffung eines Abenteuers. Und Abenteuer ist Bewegung. Und das Ende jedes Abenteuers ist ein neuer Antrieb, wieder zur Schöpfung vorzudringen. Wenn Owen weitergelebt hätte, hätte er niemals aufgehört zu experimentieren; und so mächtig war der Antrieb hinter seinem Werk, und so verwoben seltsam seine ständig wachsende Meisterschaft der Worte, daß er nie aufgehört hätte, das Werk seiner Zeitgenossen zu beeinflussen. Wäre er am Leben geblieben, so wäre die englische Dichtung heute anders. Die Entwicklung der Dichtung ist von Zufällen diktiert. Doch auch so ist er einer der vier Größten mit den tiefsten Einflüssen auf die Dichter, die nach ihm kamen. Die drei anderen sind Gerard Manley Hopkins, W. B. Yeats mit seinem Spätwerk, und T. S. Eliot.

Aber wir müssen zurückkehren, zurück von unseren Vermutungen, Verallgemeinerungen und Abstraktionen, zu Owens Dichtung selbst. Zum kurzen tapferen Leben, und zu den bleibenden Worten. Im Lazarett, wo er als »Fall von Neurasthenie« geführt wurde, beobachtete und erfuhr er die Martern der lebendig Toten, und er hat ihre »Philosophie« in dem furchtbaren Gedicht *»A Terre«* festgehalten.

(Die Philosophie vieler Soldaten)

Setz dich aufs Bett. Bin voll Schrapnell und blind.
Vorsicht! Nein, ich geb keinem mehr die Hand.
Meine Arme meutern gegen mich – die Schlingel.
Die Finger zappeln wie zehn faule Bengel.
Soldatisch wollt ich draufgehn: doch nein, danke!
Man stirbt am Krieg wie an'ner andern Kränke.
Verband liegt auf den Augen mir wie Münzen.
Meine Medaillen? Ja, daß sie nicht blinzeln!

Die bunten Orden? Meine eigene Haut
Geschunden rot vom Buckel. (Reim drauf heut!)

Kurz leben, aber lustig!? – Liebe Zeit!
Wir sagten früher: Nicht alt und zittrig sein ...
Doch nun? ... Auch kahl und fett sein, wär noch schön!
Wenn ich auch nur ein Spott der Kinder blieb,
So hört' ich ihre Witze doch! ... Ich glaub,
Ein eigenes Kind könnt ich nur dreinhaun lehren,
Krieg, Schießen, Jagd, nur wehtun und vertieren ...
Ja, das hab ich gelernt, – und Geld verdienen!
Hätt ich doch fünfzig Jahr noch, wie die deinen!
Sag mir, wie lang? Gott! Wärs doch nur *ein* Jahr,
Nur *ein* Jahr Luft, ich wollt sonst gar nichts mehr.
Ein Frühling nur, ist das zu viel? zu lange?
Der Frühlingswind, er fände meine Lunge
Mir wüchsen Beine, neu wie Flieder, bald!
Mein Bursch ist lahm, doch hör, wie fest der brüllt!
Wenn ich schon weg bin, kann er das noch lang!
Hier in dem Mumiensarg wünsch ich: wenns ging,
Möcht ich ihm später gern die Dielen fegen.
Auch ohne freien Tag wärs ein Vergnügen:
Auch Schmutz ist schön und ist mir nicht zuwider.
Schmutzhand ist besser als die Hand aus Moder,
Toter als hier die Sonnenstäubchen heut,
Kälter als Staub auf sonnenbrauner Haut.
Wär ich doch Schornsteinfeger, schwarz wie Stadt!
Trüg ich doch Mist, anstatt es selbst zu sein.
O Leben, Leben! Luft! Ratte im Graben,
Nicht schlimmer als unsres ist ein Rattenleben!
Wie die sich nachts im Keller sicher fühlen ...
Die schießt man nicht zu Krüppeln, eh sie faulen!
Tote Menschen beneiden die lebenden Milben im Käs'
Oder gute Bakterien sogar um ihren Genuß,
Die teilen sich und finden nie den Tod.
Am besten habens Blumen, in der Tat:
»Ich werd Natur sein, eins mit Pflanzen, Steinen«
Sagt Shelley ... Shelley könnt nicht einmal stöhnen!
Der dümmste Tommy liebt schon den Vergleich;
Du kennst das Wort: »Wir stemmen Blumen hoch!«

So werde Korn mein Fett, mein Saft soll blühn,
Auch Totenseife nützt des Lebens Plan.
Wird wohl der Boche je Menschensuppe brau'n?

Auch das einmal, wenn ...
                Freund, mir ist gewiß
Viel wohler bei den Blumen, die ihr Gras
Friedlicher teilen – und den Regenguß.
Sanft wie vor Zeiten streichelt mich dann Wasser
Und nichts als Sonne kann mich mehr berühren.
Schrapnells krepieren? Ich werd sie nicht hören,
Und zuck ich auch, so werd ichs doch nicht wissen.
Verlach nicht meiner Seele armen Trost!
Ich weiß, Soldaten wächst die Seele meist
Erst wieder, wenn sie grün sind: Gras und Baum ...
Sonst läßt man sie hier lieber doch daheim ...

Sie ist ein Schmerzlein, langt nach deiner Brust,
Steigt schluchzend auf zur Kehle, leicht verweht
Von andern Seufzern und von frischern Winden.

Trag meinen weinenden Geist, bis ihm der Durst vergeht
Nach Blut, das übrig blieb in diesen Wunden.

Ihn zu sehen, in seiner flammenerhellten Umgebung, gegen den Hintergrund der nun zernarbten und kraterzerklüfteten Kriegslandschaft, zitternd im Schnee unter dem schneidenden Wind, gefangen in einer gefrorenen Wüste, oder in einem Schlammofen weinend, daß seine »Sinne verkohlt sind«, das heißt einen Mann sehen, der zu redender Einmauerung verurteilt ist. Er begräbt seinen zerschmetterten Kopf in seine eigenen versengten Hände und ist selbst der Priester, der den Klagegesang leitet, der Selbstmörder, der Sonnenuntergang. Er ist das, was alle anrührt. Er ist die Glocke der Kirche des zerbrochenen Leibes. Er schreibt Liebesbriefe nach Hause, für die Toten, die nicht lesen und schreiben können. Unwissend, unbekümmert, unglücklich wie alle anderen blutbedeckten Soldaten ist er ihr Wortführer, von den Granaten zur Rede aufgerüttelt, obwohl vielleicht niemand versteht. Er ist es zufrieden, der Prophet zu sein, der nichts gilt in des Todes eigenem Land: Denn Ruhm war, wie er gesagt hat, das letzte Gebrechen, nach dem ihn gelüstete.

Keines von den Gedichten, die Sie hier gehört haben, wurde zu Owens Lebzeiten veröffentlicht. Er sah wenig oder nichts von seinen Werken in Druck. Aber ich will nicht den Eindruck erwecken, als habe er immer in intellektueller Einsamkeit geschrieben, oder als habe er seine Gedichte mit sich herumgetragen wie dunkle Geheimnisse, die man nicht mitteilen kann. Siegfried Sassoon hat beschrieben, wie eines Tages, in einem Sanatorium für »Granatenschockfälle«, wie man sie damals nannte, Owen, den er nicht kannte, in sein Zimmer kam, mit einem Exemplar von Sassoons eben veröffentlichten Gedichten, und ihn schüchtern um sein Autogramm bat. Und Sassoon und Owen sprachen über Gedichte. Sassoon dozierte einigermaßen, wie er selbst berichtet, und sprach etwas gönnerhaft zu diesem bescheidenen schüchternen jungen Mann. Und Owen gab ihm, als er ging, einige Gedichte und bat ihn, ob er sie sich ansehen und ihm sagen wolle, ob sie brauchbar seien. Und Sassoon sah, daß sie gut waren. Und das sahen auch einige andere Dichter und Literaturkenner, an die Sassoon sie schickte. Und so wurden Vorbereitungen getroffen, sie als Buch zu veröffentlichen. Owen hat dieses Buch nie gesehen.

Es gibt viele Aspekte von Owens Leben und Arbeit, die ich überhaupt nicht berührt habe. In diesen Gedanken und Notizen zwischen seinen Gedichten habe ich mich nur um eines bemüht, und das steht auch in den Gedichten selbst. Owens Worte haben mir, und ich hoffe und weiß, auch Ihnen, gezeigt, was die Haltung im Unglück war, die er wählte, ohne deswegen erst eine intellektuelle Wahl zu treffen. Aber bedenken Sie, Owen war nicht ein »weiser Mann«, wenn man darunter einen versteht, der für sich seinen eigenen wahren Glauben entdeckt hat, den einzig richtigen Weg. Er glaubte, daß es keinen einzig richtigen Weg gibt, weil alle Wege von Abzweigungen und Furchen und Fallgruben der Unwissenheit und Ungerechtigkeit und Gleichgültigkeit zerrissen sind. Er selbst war nicht zuversichtlich, und er mißtraute sich selbst. Er mußte im Unrecht sein: ungeschickt, oft manieriert, unklar, ratlos. Wie zuletzt jeder einzelne Mensch, mußte er den ganzen Krieg ganz allein auskämpfen. Er verlor, und er gewann. In einem Brief gegen Ende seines Lebens und seiner vielen Tode zitierte er Rabindranath Tagore: »Wenn ich von hier gehe, soll dies mein Scheidewort sein, daß das, was ich gesehen habe, unüberbietbar ist.«

Er wurde am 4. November 1918 getötet. Dies ist sein letztes, unvollendetes Gedicht, das nach seinem Tod unter seinen Papieren gefunden wurde: *»Seltsame Begegnung«*

Mir war, als hätt mich's aus der Schlacht geholt
In einen alten Schacht, tief, längst gehöhlt
Aus vom Titanenkampf zerfetzten Steinen.
Doch dort auch fand ich sie im Schlaf schwer stöhnen
Oder im Tod? ... zu tief, daß man sie störte.
Dann stieß ich sie. Einer sprang auf und starrte,
Erkennen jämmerlich in stieren Augen,
Die Hände hoch, die armen, wie zum Segen.
Sein Lächeln zeigte mir die ganze Halle:
Sein totes Lächeln zeigte mir die Hölle.
Von Qual war sein Gesicht verätzt, gebläht,
»Doch floß von oben hier herab kein Blut,
In diesen Schlund drang kein Geschützlärm her ...
»Freund«, sagt' ich, »'s ist kein Grund zur Klage hier.«
»Nein«, sprach er, »nur die Jahre weggerafft,
Das Hoffnungslossein: was in dir noch hofft,
War auch *mein* Leben: ich ging jagen, wild,
Und nach der wildesten Schönheit der Welt,
Die nicht im Aug still liegt, im Flechtenhaar,
Sondern die Zeit verhöhnt, die fließt daher,
Und trauert, wenn sie trauert, mehr als hier!
Denn viele hätten sonst mit mir gelacht,
Und meine Tränen hätten ihre Frucht
Getragen, die nun stirbt: Die Wahrheit, ungesagt,
Vom Jammer des Krieges, vom Jammer, den Krieg zeugt,
Wenn Menschen zufrieden mit unserem Abfall darben
Oder unzufrieden blutig aufbrausend verderben.
Sie werden springen, wie die Tigerin anspringt,
Schritt halten, wo ein Volk vom Fortschritt ab-
schwenkt ...
Mut war mein, und ich hatte Heiligkeit,

Weisheit war mein, ich hatte Herrlichkeit:
Nicht mitzugehn den Rückschritt dieser Welt
In eitle Burgen mit Gräben, doch nicht umwallt.
Hätt' dann viel Blut der Kriegswagen Räder verklebt,
Ich hätte sie aus reinem Quell gelabt
Mit Wahrheiten zu tief für Alltagsschmutz:
Freigebig vergossen hätt' ich meinen Schatz:
Doch nicht aus Wunden, nicht in Krieges Kot.
Auch ohne Wunden stand auf Stirnen Blut! ...
Ich bin der Feind, den du erschlugst, mein Freund.
Wie hier im Dunkel sahst du gestern fremd
Durch mich hindurch und stachst mich durch die
Kehle ...
Ich wehrte mich, doch ich war klamm vor Kälte ...
Laß uns nun schlafen ...«

Walter de la Mare als Prosaschriftsteller

»Ich sag halt immer: Solang du kannst, bleib auf dieser Seite vom Grab! Laß dieses Loch in Frieden. Und warum? Denn es ist zwar schon so, daß du eines schönen Tages dort hinunter mußt, aber solang du hier oben bist, kannst du niemals so ganz sicher sein, was da nicht alles von dort herauskommen könnte.

Dort wird es keine Trennungen geben – hab ich sie leiern gehört bei ihren Gottesdiensten, wie die Misteldrosseln im Frühling. Ich glaub nur, sie vergessen dabei, daß es dort vielleicht die eine oder andere gewaltig unangenehme *Begegnung* geben könnte. Und wie ist es denn überhaupt mit diesem anderen Ufer? Ich glaub immer, es gibt so eine Art Fähre, die auf diesem Fluß hin- und herfährt. Und das Zurückkommen, ja, das hängt davon ab, *wozu du zurückkommen willst.*«

So brummt ein alter, ziemlich kleiner Mann, eingehüllt in einen sehr achtunggebietenden Mantel, der mindestens zwei Nummern zu groß für ihn ist, in einem dunklen Winkel des nur von einem Kaminfeuer erhellten Stationswartezimmers in Walter de la Mares unbehaglicher Geschichte *Crewe.*

Wie viele von dem Heer der unangenehmen Gespenster, von der anderen Seite der rasiermesserscharfen Schneide, aus dem falschen Zimmer, aus dem vollgepfropften Grab, aus dem herumvagabundierenden Hernach, aus ihren schlauen Löchern, kriechen herüber und in die schäbigen Wartezimmer, die kribbelnden Eisenbahnzüge, die gaslampenerhellten spätviktorianischen Teelokale, die selbst die Farbe von gesottenem Tee haben, wo auf die Seele heruntergekommene Fremde ihre Geschichten aneinanderstückeln, und lassen Tropfen um Tropfen die Schatten ihrer grauen oder schwarzen, verlorenen und verschwommenen unterweltlichen Geheimnisse fallen. Die Gespenster Mr. Walter de la Mares verbreiten zwar ihren Dunst und reißen aus und sind manchmal in alten Häusern zur dafür bestimmten üblen Stunde bei ihrem ansteckenden Treiben zu hören, aber zu sehen bekommst du sie nicht. Nur besteht keine Sicherheit, daß nicht sie dich sehen.

Und erinnerst du dich in einer seiner Geschichten der Vogelscheuche, die mit einem Mal auftaucht, in einem Kornfeld hinter einem Haus, wo sich vor kurzem ein Mann erhängt hat:

»›Kommt Ihnen die Luft um diese Vogelscheuche herum nicht irgendwie komisch vor?‹ fragte ich ihn. ›Sonderbar komisch, sozusagen als ob sie zitterte.‹ ›Das ist die Hitze‹, sagte er, aber seine Lippen zitterten.«

Und die entsetzliche Vision der Maske eines Gesichtes und Kopfes, die auf Mr. Blooms Kissen liegt. Und die besudelten unsichtbaren Anwesenheiten, die durch das Schlachthaus von Seatons aufgedunsener gräberentleerender Tante sickern. Hier in diesem Haus und in all den anderen durchtränkten, von Totengeschichten erfüllten Häusern, über deren Korridore und Treppen die Vergangenheit pfeift und in deren großen Spiegeln du hinter dir einen langen Gang angedeuteter Gesichter siehst, und in deren hohen Betten du Laken und Alptraum mit einem unberührbaren, verschrobenen Bettgenossen teilst, oder mit dem stotternden Echo eines Geräusches, von dem du wünschst, daß es nie angefangen hätte, sind die meisten Dinge, die geschehen, ganz alltäglich, oder doch *fast* ganz alltäglich, und außerdem schäbig. Es sind Häuser, die in der Zeit aufgehängt sind und in denen die Zeitlosigkeit ausbricht.

Walter de la Mares *erste* Kindheitswelt ist gerade so »phantasmagorisch« und »einsam« wie die Hans Andersens, aber selten so grausam – oder so lebendig. Wir kommen zu der Erkenntnis, daß eine gewaltige mythologische Entfernung diese Welt, wo Kay und Gerda für immer atmen, von jener trennt, in der die Einsamskinder von de la Mares großen Geschichten ihren Träumen, ihrer Liebe und ihren Überraschungen nachgehen. Das Land, dessen Behausungen, dessen große schläfrige Wiesen, von Märzmorgen blau und bedrängt und trübe, dessen ferne kalte Türme und Turmspitzen von Wolken oder Hügeln, dessen Täler und gebannte Bannwälder, dessen graugrüne Talschluchten und mistelverzweigte und mit tiefer Brunnenkresse bewachsene Alleen die Kinder seiner ersten Geschichten bevölkern, unsicher machen und begleitet von schwerer Musik bei Nacht durchgleiten und durchirren, ist ein Land der Bücher. Hans Andersens Gestalten bewegen sich in einer Magie, die bis dahin noch nicht zusammengereimt, geschildert oder niedergeschrieben war, sondern die erst in diesem Augenblick durch ihre eigene liebliche Bewegung geschaffen wird und nur dazu da ist, von ihnen selbst bewohnt zu werden. Dagegen ist die Welt, zum Beispiel in *Henry Brocken,* der ersten von de la Mares langen Geschichten, durch die der bezauberte Knabe auf seiner sanften Rosinante streift, aus den Bäumen und Wettern, aus den Mooren, Morgen und Abenden, Hainen, Hügeln, Sonnen, Sternen und Gärten geschriebener, erinnerter Worte zusammengesetzt, aus Bunyans Allegorie und Swifts Satire, aus der Dichtung eines Wordsworth, Herrick, Shakespeare, Poe und Keats. Hier trifft der verliebte Henry Brocken im Bibliotheksland, tief verschlungen in die Umstrickungen des Nekromantischen Balls, seine Lucy Gray, Jane Eyre, Julia, Elektra, Dianame, Anthea, Nick Bottom, Dornröschen, Gulliver, die Schöne Dame ohne Gnade, und Annabell Lee. Aber überreich verziert, entfernt und verwurzelt in »Grübelgespinste«, dieses verschwommene Lieblingswort, bleibt das Abenteuer nichts als Schatten. Henry Brocken ist ein sternäugiges Märchenbuchlied, gesungen auf einem geborgten Gaul. Die Fabelerde besteht aus Wolken. Die Wolken sind Spiegelungen und Echos von Meereswogen, die sich wieder auf andere Worte reimen. Zwar selten nur niedlich oder erkünstelt, ist diese Geschichte doch zu oft traurig-süß und monoton.

Als aber Walter de la Mare fortfuhr zu schreiben, fuhren auch seine Kinder fort zu wachsen. Sie wuchsen nicht zu jungen Leuten heran, sondern zu Kindern. Sie verloren jenes verloren taufeuchte Staunen, und wenn sie sich bewegten, obwohl immer noch auf seltsamen Wegen, so raschelten sie nicht mehr wie die Seiten eines alten Buches, die in einer von einer Lampe erhellten braunen Bücherstube von einer blassen, fast gebrechlichen, aber tintenfleckigen Hand umgeblättert werden. »Heimwehkrank«, »weltverloren«, »verirrt und schweigend« – diese Worte wurden seltener gebraucht, wenn auch die Sehnsucht nach der »traurigen Heiterkeit« der Vergangenheit, die Einsamkeit, die Stille und der Wahn immer noch blieben.

Es war Walter de la Mares Sinn für die ganz natürliche Sonderbarkeit und Unmittelbarkeit der Kindheit zu verdanken, daß aus der tapetenschweren und *unnatürlichen* »Ferne« eines *Henry Brocken* eine Geschichte wie *Der Mandelbaum* auftauchte, zutiefst bewegt und bewegend.

Nicholas im *Mandelbaum* ist, um Forrest Reid zu zitieren, »der erste eines ganzen Geschlechtes von seltsamen, launischen, intelligenten, gefährlich sensitiven und unendlich lebendigen kleinen Jungen«. In späteren Geschichten trägt er einen anderen Namen, ist älter oder jünger, trauriger oder lustiger, von dunklerer List oder kälterer Unschuld getragen, einmal verstrickt und verfangen in Dornenhecken der Liebe, ein andermal kritisch und distanziert, von einem leichten Lächeln umspielt, trotz Furcht und bösen Fährnissen; aber immer sind seine Augen die gleichen. Durch diese Augen sehen wir die erstaunlichen Systeme, die unvorhersagbare Ordnung eines Lebens am Rande seiner eigenen Antwort, oder bebend auf giftiger Schwelle.

Nur bei unwesentlichen Anlässen kommen Walter de la Mares Kinder miteinander in Berührung. Fast immer sehen wir sie in ihren Beziehungen zu ungewöhnlichen, abseitigen Männern und Frauen. Und auch von diesen Kindern sind es nur die kleinen Jungen, die wirklich werden. Die kleinen Mädchen leben in einer entfernten und noch gebrechlicheren Vergangenheit.

Eine »*noch* gebrechlichere« Vergangenheit; denn der Vergangenheit, den alten Tagen, dem alten Eisen und den alten Weisen, hält er immer die Treue, alten Häusern und Landschaften, alten Sitten, Düften und Farben. Seine Kinder lungern, staunen und nehmen wahr. Seine Männer und Frauen leiden, lieben und werden von Geistern verfolgt, seine Wetter brechen herein, seine Toten hinter der Täfelung verwehen und entgleiten, und alles in einer Zeit und an einem Ort vor seiner eigenen Geburt. Sein ländliches Leben ist das, von dem seine Mutter noch wußte, daß ihre Mutter ihr davon erzählt hatte, und von dem sie ihm erzählte, als er ein Kind war. Die Kindheitserinnerungen seiner Phantasie gehören alle einer zeitlosen Vergangenheit an, die vor seiner eigenen liegt.

Walter de la Mares Geschichten erschienen zuerst um 1900. Einer der ersten Kritiker, der den erwachenden Genius erkannte, war Francis Thompson. In all den Jahren seither hat de la Mare lange und kurze Geschichten geschrieben, für Kinder, über Kinder, für erwachsene Männer und für tote Männer, für die Ungeborenen und für seinen Lebensunterhalt, für nichts, und für die beste Belohnung, unschuldig und mit großem und tiefem Können, zum Vergnügen und zum Spaß, für das Leid und für sich selbst.

Seine Einflüsse? Sir Thomas Browne, de Quincey, *Ecclesiastes,* Henry James, Emily Brontë, Stevenson, Poe, Traherne. Und dann später vielleicht Julien Green. Sein Stil? Der zeigt sich in seinen Geschichten. Ganz im Anfang war er, glaube ich, blumenreichen und überschwenglichen Worten zugetan; er verwendete viele Schablonen, aber es waren immer die rechten. Es war eine Spur von Altjüngferlichkeit, sogar für einen jungen Mann, in seiner Haltung zur Liebe von Mann und Frau. Das ländliche Grauen war ein klein wenig zu idyllisch, so daß man nicht das Gefühl hatte, draußen im Holzverschlag sei irgendwas faul, sondern nur, daß unter den Wollkörbchen in der guten Stube fürwahr der Teufel los sei. Zeit und Schauplatz seiner Geschichten? Irgendwo im ländlichen England, sagen wir irgendwann nach 1830 und knapp vor dem nächsten Leben. In seinen reiferen dramatischen Geschichten über erwachsene menschliche Beziehungen bedient er sich oft einer Art von zusammengerolltem Monolog, der zuweilen an den Geist eines auf dem Festland gestrandeten Joseph Conrad erinnert, der hinter einem Blumentopf mit Farnen hervorspricht. Eine Schwäche seines Prosastils, die sich in seinen Gedichten nie zeigt, war eine gewisse Verdickung des Gefüges wie dicke Tunke. Und seine kultivierte Sprache, die, gerade wenn sie einfach schien, reicher denn je an Kunstmitteln und Anklängen war, paßte meines Achtens nicht gut zur mehr oder minder einfachen Geschichte, oder zu grotesken Märchen. Seine wirklichen Feen sind etwa so liebenswürdig wie der Vampir Dracula. Und sein Thema ist immer das unmittelbare Drohen seelischer Gefahr.

Sir Philip Sidney

Unter den Argumenten der *Verteidigung der Poesie* steht, daß der Dichter der größte Lehrmeister des Wissens ist, denn er lehrt kraft einer göttlichen Ergötzlichkeit.

»Denn«, schrieb Sir Philip Sidney, »nicht nur zeigt er den Weg, sondern er eröffnet auch einen so süßen Ausblick auf diesen Weg, daß er männiglich verlocken wird, denselben zu betreten. Gibt er dir doch, gleich als führte deine Reise durch einen anmutigen Weinberg, von Anfang an eine volle Traube voll von solchem Vorgeschmack, daß du begierig wirst weiterzuschreiten. Er fängt nicht mit dunklen Definitionen an, die den Rand mit Glossen verunzieren und das Gedächtnis mit Zweifel beladen, sondern er naht sich dir mit Worten, in ergötzliche Maße gefügt, und entweder von der bezaubernden Kunst der Musik begleitet, oder doch für sie bereit; und zudem kommt er fürwahr mit einer Geschichte zu dir, mit einer Geschichte, welche die Kinder vom Spiele fernhält und die alten Männer von ihrem Winkel am Kamin.«

Die *Defence of Poesie* – die Verteidigung der Poesie, ist eine Verteidigung des Lebens der Phantasie, eine Verteidigung der Pflicht und der Freude des einzelnen Dichters, der unter den Menschen inmitten der kreisenden Welt lebt, die zu seinen Lebzeiten so wenig Zeit für ihn hat. Manchmal melancholisch, oft Abstand wahrend, stolz und diplomatisch, oft zart und leidenschaftlich, unabdingbar ehrlich, übte er auf alle, die ihm begegneten, seinen gewichtigen Zauber aus. Er sann ernstlich über sich nach und fand sich erfreulich oder anrüchig, je nachdem, wie der Wind der Liebe wehte und das Leben am Hof Königin Elisabeths gefährlich wurde oder schlaff, flatterhaft oder degradiert, je nachdem, wie eine seichte Justiz erbebte, wie Abenteuer mit falschen Karten rund um die wirkliche reiche brüllende Welt segelten.

Schon als er ein Kind war, in Penshurst oder in Wales,

merkten seine Eltern, wie ernst ihr Knabe sei, und »ermahnten ihn, guter Dinge zu sein«. Schon als Kind, rühmt Fulke Greville ihm nach, sei er »von solcher Festigkeit des Sinnes, von so lieblichem und anmutigem Enrst gewesen, daß seine Anmut und seine Achtung viel reiferen Jahren voraus war«. Sir Philip Sidneys Mutter war die Tochter John Dudleys, des Herzogs von Northumberland, der für seinen Anteil daran, daß Lady Jane Grey den Thron von England bestiegen hatte, enthauptet wurde. Diese kurze Episode brachte Tod und Verheerung über seine gesamte mütterliche Verwandtschaft. Sidney kann nie vergessen haben, was ihm seine Mutter erzählt haben muß: Jene Lady Mary Sidney, die Königin Elisabeth pflegte, als sie an den Blattern darniederlag, und die dabei selbst an der Seuche erkrankte, so furchtbar, daß sie selbst zu Hause immer eine Maske trug. Er kann nie vergessen haben, daß Guildford Dudley, der Bruder seiner Mutter, Jane Grey geheiratet hatte, daß sie, auf dem Weg als Königin ausgerufen zu werden, in ihrem Kleid aus grünem Samt so zart und klein war, daß man sie auf sehr hohe Kothurne stellte, damit sie größer aussehen solle. »Sie war 16, Guildford war ein sehr großer, starker Junge mit hellem Haar, der ihr viel Aufmerksamkeit erzeigte.« Auf dem Weg zum Schafott hielt sie ein Gebetbuch in der Hand und trug ein schwarzes Kleid.

Sidneys Vater, Sir Henry, war der tüchtigste Gouverneur von Irland unter Königin Elisabeth. Er schrieb an seinen kleinen Sohn, der damals die Schule zu Shrewsbury besuchte, folgende kluge Ratschläge:

»Nur selten trink Wein, zuweilen aber doch, auf daß Du nicht, so Du einmal plötzlich trinken mußt, unversehens in Glut geratest.

Sei höflich an Gebärden und freundlich gegen alle, und erzeige jedem Deinen Respekt nach Maß der Würde der Person; denn nichts gewinnt so viel um so geringen Preis.

Erzeige Dich fröhlich, denn Du schlägst aus Deines Vaters Art, so Du Dich nicht an Körper und Geist in bester Verfassung und fähig zu jedwedem Tun findest, just wenn Du am fröhlichsten bist. Laß aber Deine Fröhlichkeit frei sein von aller Verschrobenheit und von beißenden Worten gegen andere.«

Drei wichtige Ereignisse aus Sidneys Knabenzeit gehören zu dem wenigen, was wir von ihm wissen: Er und Fulke Greville, der später so viel und so ergreifend über ihn schrieb, kamen am gleichen Tag auf die Schule zu Shrewsbury. Das war im Jahr 1564.

1566, mit zwölf Jahren, erhielt er Virgils Gedichte geschenkt. Und im Sommer jenes Jahres wurde er von seinem Onkel, dem Earl von Leicester und Kanzler der Universität, von Shrewsbury nach Oxford entboten. Dort sah er zum ersten Mal Königin Elisabeth in ihrem für seine jungen Augen unkomplizierten Glanz. Sidney war als Kind von charmanter und anmutiger Erscheinung, wie Thomas Moffett in seinen kürzlich entdeckten und übersetzten *Nobilis* und *Lessus Lugubris* bezeugt.

Er war »ausgestattet mit reichen Gaben der Natur, mit einer starken und fast männlichen Stimme, und in jeder Hinsicht mit einer umfassenden, absoluten Vollkommenheit des Geistes wie auch des Körpers. Wenn er als Dreijähriger den Mond erblickte, mit reinen Händen und bedecktem Kopf, so pflegte er zu ihm zu beten und ihm andächtige Ehrfurcht zu erweisen«. Davon handelt Sir Philip Sidneys Sonett:

Wie traurigen Schritts du, Mond, zum Himmel ziehst,
Wie schweigend, mit wie bleichem Antlitz dort?
Was mag es sein, daß selbst am Himmelsort
Der Schütze prüfend scharfe Pfeile schießt?

Ja! wenn mein liebeskundig Aug erschließt,
Was dein Blick sagt, so weiß ich es sofort:
Ich seh in dir schmachtender Liebe Hort,
Ich fühl wie du, der gleiches Los genießt.

Drum sag mir, Mond, da wir Gefährten sind,
Gilt auch bei euch Treu nur als Torheit noch?
Sind dort die Schönen stolz, wie hier man's findt?
Sehn sie sich gern geliebt und schmähen doch

Die Liebenden, wenn die ihr Herz verzehrt?
Wird Undank auch als Tugend dort geehrt?

Der Earl von Leicester, damals der Günstling der Königin, sorgte dafür, daß sein Neffe vorteilhaft gekleidet sein solle, wenn er der Königin begegne. Er kaufte ihm einen Damastmantel mit Samtbesatz, ein Wams aus purpurnem und grünem Taft, ein blaues Lederkoller, nelkenfarbene Beinkleider und weiß-grün-blaue Schuhe. Und so sah er Elisabeth in Oxford einziehen, gekleidet in scharlachrote Seide und Gold, mit einem Kopftuch von gesponnenem Gold. Und nach einigen Geschichtsschreibern saß sie auf einem hohen goldenen Sitz, auf einem offenen Karren, den Maultiere zogen.

Im Jahre 1572, mit 18 Jahren, erhielt er die Bewilligung der Königin zu einer zweijährigen Reise nach dem Kontinent.

Im Gefolge des Earls von Lincoln ging er zuerst nach Paris. »Ein ernsthafter, zarter und wohlgestalter Junge.« Oder, wie sein Onkel Leicester in einem Brief an Walsingham, den Botschafter in Frankreich, schrieb: »Jung und ungeschliffen.« Nach Geburt, Erziehung und Neigung ein überzeugter und eifriger Protestant, war er bei dem anarchischen Vorabend der Bartholomäusnacht zugegen, als – man weiß nicht wieviel – Tausende von Protestanten den Tod fanden. In Frankfurt wohnte er in der Werkstätte des vielbelesenen Druckers Andreas Wechel, wo er den gelehrten protestantischen Streitredner Hubert Languer traf. Ihm verdankt er, wie er gestand, all seine Kenntnisse der Literatur und des rechten Glaubens. Er besuchte Straßburg, Wien, Venedig, Genua, Florenz, Padua (wo er Astronomie, Geometrie, Physik und Griechisch lernte), er unternahm eine Reise nach Polen und kehrte wieder heim. Leicester brachte ihn sogleich an den Hof, nach Greenwich, wo Elisabeth damals im Alter von 42 Jahren, wie Sidney schrieb, »schon etwas vorgerückt an Jahren« war. Er wurde in den Künsten eines Höflings unterwiesen. Er war in Kenilworth, im blendenden, wellenschlagenden, musikerfüllten Sommer des Jahres 1575, wo unvergeßliche Feste für die Königin gefeiert, Maskeraden und Feuerwerke, Laute und Zither und Spinett gespielt sowie Zweikämpfe und Lanzenstechen ausgetragen wurden, wo Bärenhetzen und Rauhnachtstänze, Turniere und Wasserspiele stattfanden, und wo man aus großen silbernen wappengezierten Humpen Claret und Weißwein trank.

1576 fuhr er mit dem Earl von Essex zu seinem Vater nach Irland und kämpfte gegen die sumpfigen und widerborstigen Iren, die nicht wie er der Meinung waren, daß das englische Gesetz das gerechteste und angenehmste in aller Welt sei.

Dort starb Essex und hinterließ für Sidney diese Nachricht: »Sagt ihm, ich war in keiner Sache gegen ihn, sondern wünsche ihm alles Gute und dies so sehr, daß ich wünsche, er möge meine Tochter ehelichen, wenn Gott ihrer beider Herzen also bewegt. Ich nenne ihn Sohn; er ist so weise, so tugendhaft und so gottesfürchtig, daß er, so er auf dem eingeschlagenen Weg beharrt, so berühmt und würdig sein wird, wie nur je ein Edelmann, den England hervorgebracht.«

Die Tochter von Essex war Penelope Devereux, die *Stella* der Sonette. Das Leben bei Hof daheim in England erwies sich als kostspielig und erniedrigend. Dann kam seine Entsendung als Botschafter an den kaiserlichen Hof in Österreich, prunkvoll und unwichtig. Was er vor allem wollte, war, der Sache der protestantischen Religion zu dienen. Die Königin bot ihm keine Gelegenheit dazu. Sein Onkel, Leicester, fiel in fast tödliche Ungnade, als die Königin seine geheime Ehe entdeckte. Die Königin selbst stand im Begriff, einen unseligen Ehebund mit dem Hause Anjou einzugehen. Sidney schrieb für sie seinen charmanten »Diskurs an Ihre Königliche Majestät«, in dem er an die heikle Angelegenheit rührte und artig versuchte, ihr davon abzuraten. Dafür erhielt er keinen Dank. Er forderte den widerwärtigen Earl von Oxford zum Zweikampf heraus. John Stubbs, der eine Flugschrift verfaßt hatte, in der die Gefühle der einfachen Leute gegen Elisabeths Ehepläne ausgesprochen wurden, wurde verurteilt, die rechte Hand, die diese Schrift geschrieben hatte, unter dem Holzhammer und Metzgerbeil des Henkers zu lassen. Und Sidney war glücklicherweise so deprimiert vom Leben in London, daß er sich von der Arbeitslosigkeit bei Hofe in die Gesellschaft seiner Schwester nach Wilton House zurückzog, in den Bereich von Zweigicht und Tal, nach Wiltshire, um dort sein *Arcadia* zu schreiben.

Wilton war zur Zeit Heinrich VIII. unter Anleitung Hans Holbeins begonnen worden und wurde in der Zeit Edward VI. für den ersten Earl von Pembroke vollendet. Der Garten von Wilton, wie Sir Philip Sidney ihn kannte und liebte, ist auf einem alten Druck zu sehen. Da sieht man die Beete mit ihren Blumenbordüren und mit ihren vier Fontänen, die großen Blumenbeete, und jenseits die kleine Terrasse. Da sind die Baumgruppen, durch die der Fluß Nader fließt, die Statuen des Bacchus und der Flora und schattige Haine und große Teiche mit Springbrunnen und Säulen und zwei Kronen, die oben auf dem sprühenden Wasser tanzen; und ein Garten mit Gemüse und Obstbäumen; und das große Oval mit dem Messinggladiator, und noch mehr Haine und grüne Wandelgänge, Säulenhallen, und eine Terrasse, deren Treppen Meerungeheuer sind. Dies war das vollkommenste Haus, der vollendetste Garten, um eine arkadische Romanze zu schreiben, voll von Zauberkünsten und vermummten Prinzen, voll von Morden, Schäfern, Lustbarkeiten, Elixieren und mancherlei Arten der Liebe. Diese ungeheuer komplizierte Geschichte in Prosa, unterbrochen von Liedern und Zwiegesprächen in gebundener Rede, trägt die Widmung »Für meine teure Frau und Schwester, die Gräfin von Pembroke«. »Hier hast Du nun (teuerste aller Frauen, und Würdigste, die Teuerste zu sein!) dieses mein müßiges Werk, das, fürchte ich (wie der Spinne Gewebe), tauglicher erscheinen wird, hinweggefegt als zu irgendeinem anderen Ende getragen zu werden.«

Doch sein *Arcadia* war kein Filigrangewebe von Worten, sondern eine gewaltige Tapete, ein Gobelin, gewoben um zu verblüffen und das Licht abzuhalten. Da ist alles Ornament, Schauer, Schauspiel und Glanz, Festzug und Prunk und verschwenderische Vielfalt, Rüschen, Spitzenwerk, Gold und Juwelen, Paradox, Wortgeklingel, Personifizierung. Da wimmelt es von Beschreibungen, von Naturszenerien und ethischen Reflexionen, von Schlachten und Turnieren und den Schafsgesängen trauriger Schäfer, und alles verschwimmt schön ineinander und ertrinkt in triumphierender Länge.

Er hatte eine Theorie der Dichtung geschrieben, und nun

versuchte er sich im poetischen Experiment; er ließ sich »freie Bahn im Sternkreis seines eigenen Witzes«.

Die Girlanden lassen ihre allzu windigen Köpfe hängen, die Farben laufen und verfließen, das Füllhorn ist voller Löcher; Reime hängen überreich an der Stirne des schmelzenden Monuments. Wie selten gibt es klare ruhige Augenblicke in dieser reichen Wüste von stillstehender Zeit. Diese Zeilen vielleicht, oder sind auch sie zu zierlich?

»Der Bote sputete sich und fand Argalus in einem Schlosse, das sein eigen war, in einem Gemach mit der schönen Parthenia sitzen. Er las in einem Buch die Geschichten von Herkules, sie bei ihm, wie um ihn lesen zu hören. Dieweil aber seine Augen auf das Buch blickten, blickte sie auf seine Augen und hielt ihn zuweilen mit einer artigen Zwischenfrage an, nicht sowohl, um von einem Zweifel befreit zu werden, als um ihm Anlaß zu geben, sie anzublicken. Ein glückliches Paar, er voller Freude an ihr, sie voller Freude an sich, aber an sich nur, weil sie sich seiner erfreute.«

Und die berühmte Beschreibung des Wasserspaniels. Und die überaus boshafte Zeile, die von einigen Kritikern als Ausspruch ritterlicher Loyalität erklärt wurde:

»Denn sie war Königin, und deshalb schön.«

Aber nur in seiner Sonettfolge *Astrophel und Stella* ist er als großer Dichter zu sehen. Diese Sonette wurden 1591 veröffentlicht, fünf Jahre nach seinem Tode. Nash sagt von ihnen: »Diese Tragikomödie der Liebe ist bei Sternenlicht aufgeführt.«

Die Sonette sind an Penelope Devereux gerichtet, deren Vater wollte, daß Sidney sie heiraten solle. Sie beginnen mit Eleganz und Schaustellung von Gefühl; Gedichte mit dem Gehaben von Höflingen, die die Livree der Liebe tragen. Es sind Gedichte *über* Liebe, aber die Liebe ist nicht *in* ihnen. Sie richten Ansprachen *an* die Liebe, aber sie sprechen nicht *aus ihr heraus*. Die Entzückungen sind fast leichthin erarbeitet, die Verzweiflung ist fast ebenso leicht wieder abgetan. Es sind die vollendetsten Übungen für einen Mann, der im Begriff steht zu lieben. Und dann heiratete Penelope, und Sidney hatte sie verloren, und die Sonette waren nicht mehr Übungen für einen dichterischen Anlaß, sondern Dichtung selbst, gellend und brennend:

Ich konnte! – Unheilswort – ich konnte (weh!)
Und wollte nicht und mocht mein Glück nicht sehn;
Bis höllennacht-umhüllt ich jetzt ihn seh,
Den Himmels-Tag, den blind ich ließ entgehn.

Zerreiß dich, Herz, daß dir nur Recht gescheh!
Kein Paris raubte dir deine Helen',
Nicht List noch Macht stahl deine Freude jäh,
Kein höheres Los ließ dir dein Los geschehn.

Nein, nur mir selbst, mir selbst schlug ich den Schlag!
Und zuviel Einsicht nun verurteilt mich,
Daß ichs um unser beider Willen trag:
Was merkte nicht am steigenden Morgen ich
(Gestraftes Aug!) so schönen Tag zuvor?!
Wär ich gewesen klug, oder ein Tor!

In diesen Sonetten sehen wir, für uns mitten in der Bewegung angehalten, eine ganze Prozession der Leidenschaften, körperlich und geistig, die ihren Lauf durch Wut und Verzweiflung nimmt, durch Mitleid mit sich selbst, erneuerte Hoffnung, Verzückung, Mondscheinträume, schwarze Angst und blendendhelle Gewißheit des endgültigen Verlustes.

Es gibt einige Lieder unter den Sonetten. Im achten Lied tötet Stella sachte seine Hoffnung, sie zu besitzen,

In einem Hain von Schatten weich,
Wo Vögel sangen freudereich,
Zeigt junger Mai sich bunt und grün,
Mit neuem Duft die Blumen blühn ...

Beim Sturm auf Zutphen in den Niederlanden, am 2. Oktober 1586, wurde Sir Philip Sidney von einer Musketenkugel in die Hüfte getroffen. Von seinem qualvollen Weg zurück ins Lager wird berichtet: »Durstig vom übermäßigen Verluste seines Blutes rief er nach einem Trunk, welcher ihm sogleich dargereicht ward. Als er aber die Flasche an den Mund führte, sah er einen armen Soldaten, den sie dahintrugen, und der auf dem gleichen Feste seine letzte Mahlzeit genommen hatte, die Augen entsetzlich nach der Flasche verdrehen. Sir Philip, der dessen inneward, setzte die Flasche wieder vom Munde ab, ohne zu trinken, und reichte sie dem armen Mann mit den Worten: ›Deine Not ist größer als meine.‹«

Die Operationen an seiner Wunde waren langwierig und schmerzhaft. »Als sie anfingen, seine Wunde zu verbinden, gab er ihnen diesen Auftrag und Rat: Nämlich daß sie, solange er bei Kräften sei, sein Leib frei von Fieber und sein Geist noch fähig, es zu ertragen, ohne Zögern ihre Kunst walten lassen mögen, und schneiden, und bis auf den Grund suchen.«

Sie ließen ihre Kunst walten, und er wurde nach Arnheim gebracht. Dort litt er. Er magerte zum Skelett ab. Die Schulterknochen brachen durch die Haut.

»Eines Morgens, da er die Laken aufhob, um seinem Leib Erfrischung und Erleichterung zu gönnen, nahm er einen gar üblen Geruch wahr, der ihm anders dünkte als der der Öle und Salben.« Fäule hatte eingesetzt.

Acht Tage nach seiner Verwundung sandte er nach Geistlichen vieler Nationalitäten, und sie beteten mit ihm.

Er forderte Musik.

Er diktierte sein Testament.

Er schrieb einen langen lateinischen Brief.

Er verabschiedete sich von seinem Bruder.

Ganz nahe dem Tode sagte er: »Ich würde die Freude meines Gemüts nicht geben, und sei es auch um die Herrschaft dieser Welt.«

Der Mangel an komischen Schriftstellern
(Auszug aus einer Funkdiskussion)

Der heutige Zustand der Welt läßt die meisten Schriftsteller empfinden, daß sie ehrlicherweise nicht »komisch« über sie schreiben können. (War die Welt schon je so, daß man das konnte?) Vielleicht sagen sie: Können wir die angenehm komischen kleinen Eigenheiten einzelner Menschen herausgreifen, das Lachhafte und Linkische, das ungewollt Ungeschickte, das Liebe und Läppische und Täppische, den einfaltsgepinselten Tölpel, den Schnösel, den Schnickschnack, den unsinnigen alten Adam, wenn wir doch täglich als gesellschaftliche Wesen dem Ungeschlacht, dem Griesgram und Geizkragen gegenüberstehen, dem Kujon, dem wahnsinnigen neuen Atom? Da lobe ich mir die Haltung des alten Chronisten Pepys: »Freitag, den 12. Aufgestanden, fanden unsere Bettstatt gut, aber verwanzt, welches uns ergötzte ...«

Komische Autoren können nicht erwarten, daß die menschliche Gesellschaft eigens ihretwegen komisch sein soll. »Servieren Sie auch Frauen in Ihrer Bar?« »Nein«, sagte der Barmann, »Sie müssen schon Ihre eigenen mitbringen.« Und für einen komischen Schriftsteller ist die Gesellschaft immer lustig, sogar, oder sogar ganz besonders, auf ihrem Totenbett. Leute, die in offene Aufzugsschächte hineinspazieren, von Löwen verspeist werden, das schaukelnde Trapez um Haaresbreite verfehlen, sind die alltäglichen Lieblingsgegenstände des komischen Zeichners. Und der Anblick der menschlichen Gesellschaft, wie sie lang hinklatscht, und die Aussicht, daß unsere Kultur selbst flötengeht, bieten den Schriftstellern die Möglichkeit jeder beliebigen Spielart des Gelächters. »Es ist irgend etwas in diesem Hause«, sagt die Frau eines komischen Schriftstellers in einer der *John-Silence*-Geschichten von Algernon Blackwood, »was ihn daran hindert, die Dinge komisch zu finden.« Es ist, weiß Gott, auch in *unserem* Hause genug los, um Peacocks Prinz Seithennyn die Lust an einem guten

Tropfen zu verleiden. Aber das hindert einen Schriftsteller nicht, aus der tragischen Katastrophe dieser unserer Umwelt seine eigene große komische Welt zu gestalten. »Den Besten mangelt alle Überzeugung, und die Schlechtesten sind voll von leidenschaftlicher Intensität«, schreibt Yeats. Aber der gewichtige, urteilfällende, senatorenhafte, seelenbesitzende Mensch, aufrecht auf seinen zwei Bauklötzchen, ist noch immer ein überdimensionaler Spaß. Ein Mensch im Zustand der Liebe macht eine praktische Katze lachen. Ein Mann an der Macht macht Engels vor Lachen weinen ...

W. W. Jacobs war einer der präzisesten, lustigsten und prägnantesten Schriftsteller der Zeit König Edwards. Sein Dialog ist so adrett und schlau und sparsam und gestrafft, wie die gefinkelten und auf Gattenfang eingerichteten Fabeln seiner Geschichten. Da finden sich in einer, ich möchte sagen, komischen Welt kleineren Formats, all die Landrattenträume der Urlaubsmatrosen, die Visionen einer ganzen Tasche voll Galans in Schankstuben mit drallen Bardamen. Hier finden sich die verwickelten Mißlichkeiten des Lebens rivalisierender Seeleute; dräuende, unbezahlte, nudelwalkerbewehrte Hauswirtinnen; freier Rauchtabak, heimliches Bier, und das Dösen, und das Ankreiden. Hier sind alle verheirateten Frauen Megären, alle Witwen sind rundlich und gemütlich und haben sich eine Kleinigkeit beiseite gelegt, alle unverheirateten Mädchen sind neckisch und mysteriös, alle Männer ohne Ausnahme sind Schurken oder Narren, oft beides, und befassen sich einzig und allein mit Projekten, betreffend Geld und Frauen, und wie man sie erlangt, beziehungsweise wieder verliert.

Von Stephen Leacock lese ich nur die *Sonnenscheinskizzen einer kleinen Stadt,* denn nur dort hat Leacock seiner Phantasie ein *Heim* geschaffen, einen »Ort«, an dem *seine* Menschen geboren werden und sterben konnten, lieben, hinfallen, philosophieren, sich die Haare schneiden lassen, von der Leber weg reden oder die Beine von sich strecken.

(Calder Marshall fragte:) Entspricht nicht P. G. Wodehouse ganz und gar deiner Definition einer komischen Welt?

(Dylan Thomas antwortete:) Diese kinnlosen, trübbebrillten, eselhaften, gamaschenbewachsenen Drohnen wurden in Bausch und wappengekröntem Bogen aus den Erinnerungen an die Zeit der weißen Mäuse und der wirklich guten Gesellschaft entlehnt, aus der geisterhaften Kutschenvergangenheit des geldstrotzenden Dandy und des Bühnentürstehers. Manche Leute haben Jeeves gern, aber ich bitte, mich zur Gegenseite zu zählen. Was mich betrifft, so habe ich für die scharfe Würze eines Gentlemans Gentleman nichts übrig.

Eine wirklich komische, erdichtete Welt muß *zur gleichen Zeit* leben wie die Welt, in der wir leben.

Und woraus besteht heutzutage unsere komische Literatur? Aus lustigen Spalten in englischen Zeitungen, Gedankenparaden der Unter-dem-Strich-Jungen. Und dazu kommt die mühsam erarbeitete, witzlose, launenhaft übergewichtige Leichtfertigkeit jener nationalen Einrichtung Englands, jenes Armenhauses der Ideen, die der *New Yorker* einmal statt *Punch* paunch (Schmerbauch) genannt hat. Die besten *Bücher* aber, oder doch fast alle die besten modernen komischen Bücher, sind von Amerikanern.

James Thurber, S. J. Perelman, Frank Sullivan und Robert Benchley haben alle für dieses großartige Familienblatt *New Yorker* geschrieben, aber sie haben nichts miteinander gemein als ihre Überlegenheit gegenüber den modernen englischen komischen Journalisten.

Es ist immer noch unmöglich, die scheuen und verdutzten introspektiven Aufsätze, Fabeln und fabelhaften Erinnerungen Thurbers, sein geducktes Grauen vor dem mechanischen Krimskrams, den militanten Neurosen, den allgegenwärtigen Weibern, den demokratischen Fallstrikken und bösen Großindustrieschreckgespenstern dieses modernen amerikanisierten Zeitalters mit irgend etwas sonst zu vergleichen. Es ist unmöglich, ihn mit der glatten Groucho-Marx-Lustigmacherei S. J. Perelmans zu vergleichen, einzuschulen und zu klassifizieren, der wie ein Hollywoodreklamechef nach der Lektüre von James Joyce, Amanda Ross, Krafft-Ebing, Doktor Spooner, E. E. Cummings schreibt, nicht zu vergessen der Lektüre von Sam Goldwyns oberstem Reklamefritzen in einem Zustand übermäßiger Spannung in einem türkischen Bad unter der persönlichen Leitung Deans, des menschlichen Berges.

Aber Thurber, Sullivan, Perelman, Benchley, alles ausgezeichnete komische Schriftsteller, sind alle Essayisten. Mir aber geht es um konstruktive komische Schriftsteller, die wirkliche Geschichten schreiben. Ich möchte ohne dick aufgetragenes Auf-die-Schultern-Klatschen, ohne das Hallogerülps der in Tweed gekleideten, pfeifewiederkäuenden, humpengurgelnden, gewerbsmäßigen literarischen Komödianten, ohne das Anstoßen und Gekicher, ohne das binsenweise Winseln des Kritikers einfach das Lachen in Büchern haben, den Anblick und den Geruch und den *Schall* des Lachens. Und der fast einzige Laut, den ich in den Geschichten höre, erinnert mich immer an den Klang der Uhr in Frances Cornfords Gedicht:

Ich dacht', sie sprach mit jedem Klang:
Ich bin so krank, so krank, so krank.
Tod, wart nicht lang, nicht lang, nicht lang,
Nicht lang, nicht lang, nicht lang, nicht lang.

Das englische Fest der gesprochenen Dichtung

Viele Leute haben ein Bedürfnis, ihre Begeisterung mit anderen zu teilen. Das findet seinen Ausdruck oft in einem Verhalten, das man freundlich als »angeben« bezeichnet. Es ist Schauspielern und Dichtern eigen, Politikern und anderen Trapezkünstlern. Manche Leute, die Gedichte lesen, mögen einige davon so gern, daß sie ihre Vorliebe nicht für sich behalten können. Sie sind es nicht zufrieden zu sagen: »Kennen Sie de la Eliots *Wüstenfremdling* oder W. H. Housmans *Ein Hund unter dem Galgen?* Ist das nicht, oder besser gesagt, sind die nicht einfach großartig?« Doch nein, sie müssen unbedingt sagen: »Hören Sie sich das doch einmal an!« und müssen das großartige Gedicht laut herunterleiern. Manchmal mögen sie das Geräusch ihrer eigenen Stimme gern. Sie finden, daß die Worte der Gedichte, die ihnen vertraut und angenehm sind, wenn sie sie herunterleiern, eine überraschend angenehme Fremdartigkeit erhalten, wenn sie laut geschrien werden, zermalmt, gekrönt, mit dem Kainzzeichen oder dem Feuer eines Keanspans ausgestattet werden. Bekannten Worten wachsen Flügel; Druck springt und schießt auf; die Stimme entdeckt das Gehör des Dichters; es stellt sich heraus, daß sein Gedicht auf einem Blatt Papier nur ein halbes Gedicht ist. Und die Sprecher sehen die Unzulänglichkeit ihrer bisher schweigenden Interpretation ein und lernen manchmal die Kunst des lauten Vorlesens. Das heißt, sie befassen sich damit, die Gedichte zu lernen, die sie auswendig im Kopf, im Herzen und auf der Zunge trugen. Sie schreiben dieses Papiergeräusch, das ein Gedicht ist, in ihre Brust und in ihre Kehle und lassen es wieder los. Sie finden, daß gute Dichter besser sind als sie, die Leser, vorher dachten, und das erweckt stärkste Gefühle in ihnen, und sie geraten in unbeschreibliche Aufregung. Und dann kommen auch einige von diesen Lesern und wollen anderen alles zeigen, was sie versäumt haben, indem sie Lyrik stumm gelesen haben, und sehen sich nach einem Zuhörerkreis um. Die eigenen Familien, ebenso wie die eigenen Länder, lassen ihre Propheten nicht gelten, aber es ist entehrend, einen Versesprecher im eigenen Hause auszupfeifen. Zeigt mir den Familienkreis, der stillschweigend dasitzt, während ein Sohn oder eine Tochter mit ungeschicktem Eifer ein lyrisches Gedicht totmartert, und ich will das ganze Epos *Hudibras* vor einer Wochenendversammlung eines Junggesellenzirkels vortragen. Diese Leser können niemals unmittelbar ins Nachtprogramm eindringen, vorbei am Wachposten der Künstlerleibgardisten, und den ungleichmäßigen Tenor tibetanischer Opern oder die Schlachtfront der Spinette stören. Sie können nur in ihren Behausungen Gesellschaften zum Sprechen von Versen gründen. Wer aber hört da schon zu, außer anderen Verselesern, die bloß darauf warten, daß sie aufhören. Wo können Leute, die brennend gern Gedichte laut vorlesen, das auch wirklich tun? Nämlich vor einer sachverständigen, enthusiastischen und im allgemeinen altruistischen Hörerschaft?

Das Oxforder Fest der gesprochenen Dichtung wurde vor zwanzig Jahren gegründet und wuchs unter der Liebe und Fürsorge des verstorbenen Laurence Binyon heran. Das Fest fand bis zum Ausbruch des letzten, nie zu wiederholenden Krieges in Oxford statt. Jetzt wird es in London gefeiert, aber das Komitee und seine Anhänger hoffen bald nach Oxford zurückkehren zu können. Das Fest der gesprochenen Dichtung wird von Dichtern organisiert. Fast alle Schiedsrichter sind Dichter. Dichter, das heißt Männer, die sich redlich mit irgendeiner anderen Arbeit plagen, um sich redlich mit der Arbeit plagen zu können, die sie wirklich lieben, wenn sie frei sind und nicht arbeiten. Die Schiedsrichter des Fests: kühl (besonders jetzt), unpersönlich, voller Sachkenntnis, reif, erhaben; kompromißlose, unbestechlich-unbeirrbare, asketische ferne Geschöpfe, die (wenn das die Teilnehmer am Wettbewerb nur wüßten, und ich spreche da nur von den männlichen Schiedsrichtern) dasitzen und in ihrem schwitzenden Ruhm an Kricket und Gefrorenes und schöne Beine denken und ihre kleinen Herzen hochaufschlagen fühlen, inmitten von so vielen sommergeblümten Kleidern, hellen Lächeln, ungestümen jungen Menschen, hohen Absätzen, umrauscht von Unternehmungsgeist, Parfüm und Erde. Man wird vielleicht denken, daß ich mir gestatte frivol zu sein, obwohl es sich doch wirklich um ein sehr ehrliches, gewissenhaftes und überaus sachkundiges Fest handelt. Aber schließlich ist es ja doch ein Fest. Es ist nicht einfach ein kalter Wettbewerb. Es dauert alljährlich vier Tage, und man kann es genießen. Wir alle genießen es, Teilnehmer am Wettbewerb, Schiedsrichter, Nörgler, Zuhörer, jeder und jede. Dieses Jahr kamen über 300 Leute aus dem ganzen Land, die aufstanden und vorlasen, Marlowe, Tennyson, Sidney Keyes, Pope, hauptsächlich weil sie gern Gedichte laut vorlesen und weil hier der rechte Ort und die Zeit war, sie vorzulesen, ohne Einschränkungen und ohne Protest. Das ist kein Ball der überfeinerten freundlichen Naserümpfer, sondern ein Fest der unverkniffenen, unverkorksten gesunden Menschen mit Stimme. Wenn ein Wettkampfteilnehmer nicht vorliest, dann hört er oder sie zu, wie andere lesen, und er hört mit sachkundigem Wohlwollen zu.

Ich will nicht behaupten, daß alle Leser erstklassig sind. Es ist ein Fest und ein Wettkampf von Amateuren, nicht ein freier Tag für erfolgreiche Exhibitionisten in Ausübung ihres Berufes. Viele der Teilnehmer würden gern Berufsschauspieler, Rezitator, Radiosprecher werden, einige wenige sind es vielleicht. Wie alles, was etwas wert ist, ist auch dieses Fest voll von Schwächen. Ich glaube besonders, daß die Rezitatoren das Recht haben sollten, den Text der Gedichte, die sie zum besten geben, wirklich mitzubringen. Ich fand, als ein langes Gedicht vorgetragen wurde, daß einige der Wettbewerber ihre Darbietung recht störend verlangsamten, denn sie mußten zuviel im Gedächtnis behalten und sorgten sich allzu deutlich um die nächste Strophe. Ich fand auch, daß einige der »Entscheidungen« zu vorschnell getroffen werden mußten, so daß die lauwarme aber abgeschliffene Vortragstechnik bessere Aussichten hatte als eine ehrliche, warme, aber zögernde und vielleicht gelegentlich irregehende Leistung. Viele Vortragende waren auch von den augenfälligeren Vorlesekrankheiten beeinträchtigt, von den starken Zischlauten, von der theatralischen Stimme, jener gekünstelten Betonung, die sowohl den Rhythmus erdrosselt als auch den Sinn auf den Kopf schlägt. Da war die

»tote Stimme« zu hören: eine Sprechweise, die so tut, als wolle sie die Wichtigkeit der platten Übertreibung, des Scheuens vor jeder großen Emotion herausarbeiten, dies aber nur, weil es an wahrer Fähigkeit zu geben fehlt. Dann das schöne Lächeln statt der schönen Stimme: die Zumutung eines geheimen zwinkernden Einverständnisses zwischen Sprecher und Hörer. Jene Haltung: »*Wir* wissen es ja, nur die Andern nicht.« Es gab auch, wenngleich selten, das *Spielen* des gesprochenen Wortes, die erlernte, aber niemals gültige Geste, die etwas illustrieren will, was nicht illustriert werden kann, außer durch Kadenz, Gehalt oder Temperament einer Zeile. Man sah das Absuchen des Horizonts mit aufgerissenen Augen, und die mechanische Handarbeit erheuchelter Leidenschaft, wie wenn ein Sopran eine Ziege melkt.

Aber das alles war sehr selten. Jeder fast, fast jeder Einzelne, genoß dieses Fest, wie man es seit zwanzig Jahren genossen hat. Kein Schwindel, keine Kunstschulstimme und keine Tennisgesellschaftsstimme, kein behaarter Sonderling mit Jägerhemden-Singsang oder mit einem Maibaumakzent, und kein Neues-Leben-Getue mit Henna und großen Armreifen. Und das Vortragsniveau war überaus hoch. Gedichte sind in Zeilen geschrieben, und wenn man die Augen zumachte, was manchmal schwer war, konnte man ohne Kreischen von Bremsen hören, wo die Zeilen aufhörten. Ja, man konnte es wirklich hören.

Vom Vorlesen eigener Gedichte

Um für heute abend etwas zum Vorlesen auszuwählen, habe ich mir siebzig von meinen Gedichten angesehen, und noch etliche überzählige. Dabei fand ich, daß viele von ihnen wirklich überzählig und etliche vielleicht Gedichte waren. Ich beschloß dann, keines von denen zu wählen, die mir auch heute noch ziemlich absonderlich scheinen, sondern mich an einige zu halten, die ein wenig zu jenem Zustand und Zweck hinstreben, den ich ihnen – glaube ich – schon damals zugedacht hatte, als ich hochnäsig und andächtig in kleinen Zimmern in Wales zu schreiben begann.

Denn ich rede mir gern ein, daß die Gedichte mit der beschränktesten Eigenart sich unter meinen frühesten finden und daß die späteren ausladender und tiefer sind. Doch kann mich darin die Zeit, falls sie sich dafür interessiert, widerlegen und gar noch herausfinden, daß vielleicht das Gegenteil wahr ist, oder daß beide Meinungen falsch sind.

Worauf es aber ankommt, ist, daß ich mich an den ersten Ansporn, der die meisten der früheren Gedichte hervortrieb und -pumpte, nicht erinnern kann. Sie sind mir auch noch zu nahe, mit ihren gewaltsam aufstampfenden schwarzen und grünen Rhythmen, als explodiere ein sehr junger Schutzmann. Weil sie mir noch so nahe sind, kann ich den Ansporn nicht aus dem gedruckten Beweismaterial rekonstruieren. Meine Interpretation dieser Gedichte – wenn das kein zu gewichtiges Wort dafür ist, sie einfach vorzulesen und zu versuchen, dabei eine Vorstellung von ihrem Klang und ihrer Gestalt zu vermitteln – könnte also nur ein Nachplappern dessen sein, was ich einmal zu sagen hatte.

»Und alles, was der Vorleser seiner eigenen Gedichte zu erreichen hoffen kann«, heißt es, »ist, seine eigene Erinnerung an den ursprünglichen Antrieb zu vermitteln, der seinen Gedichten zugrunde lag, und dabei vielleicht, und sei es auch nur für einen Augenblick, die innere Bedeutung der Worte auf den bedruckten Seiten zu vertiefen.«

Wie ich doch wünschte, dem von ganzem Herzen zustimmen zu können, geschweige denn, es selbst zu erreichen! Aber, ach, die Gefahr! Denn was der Vorleser seiner eigenen Gedichte so oft tut, ist, sie zu versüßlichen oder zu melodramatisieren und eine einzelne Wendung unter den Ängsten zerreißen oder unter den Schrecken erzittern zu lassen, von denen er sich einbildet, daß sie sie gezeugt haben.

Natürlich gibt es noch eine andre Art Vorleser; den, dem es gelingt, durch ausgeklügelte Plattheit, halbe Distanziertheit und fast herablassende Unterbetonung beim Vortrag seiner eigenen Gedichte den Eindruck zu erwecken, er wolle damit eigentlich sagen: Große Dinge, die aber nur mich etwas angehen.

Daß ich zu der sehr gefährlichen ersten Gruppe von Vorlesern gehöre, wird Ihnen beim Zuhören nur allzu klar werden.

Das erste Gedicht heißt nach seiner ersten Zeile: *Es war Einer voll Gnaden.*

Es war Einer voll Gnaden

Es war Einer voll Gnaden
Seltner als Radium,
Gemeiner als Wasser, grausamer als Wahrheit.
Kinder, verbannt aus der Sonne
Kamen zu seinem Munde
Um den goldenen Ton erschließen zu hören die
Klarheit;
Gefangene von Wünschen sperrten ihre Augen
In die schlüssellosen Kerker seiner lächelnden
Schweigen.

Es sagt der Kinder Wort
Aus verlorenem Wüstenort,
Es sei Rast zu halten in seiner sicheren Unrast Bereich.
Wenn der hindernde Mensch zuletzt
Mensch, Tier und Vogel verletzte

Duckten wir unsere Ängste in jenem mordenden
Hauch,
Zu schweigen, zu schwelgen in Schweigen, wenn die
Erde laut wurde rings,
In Horsten und Zufluchtsorten des ungeheueren
Schreins.

Da wars ruhmreich zu horchen
In seiner Tränen Kirchen,
Unterm Flaum seines Armes seufztest du wenn er
schlug;
O du dessen Träne nicht fiel
Wenn ein Mensch starb am Boden vor dir
Warfst eine Freudenträne in die unirdische Flut
Und deine Wange lag an einer wolkenförmigen Muschel:
Nun bist nur du und ich allein im Dunkel.

Brüder, geschwärzt und stolz, schrein
Winterumklammert zu zwein
Zu diesem ungastlichen hohlen Jahr hinauf:
Ach wir die weinten nie
Wenn wir auch hörten wie
Habsucht den Nachbar schlug und warf in Brand sein
Haus,
Nur klagend nisteten in himmelblauer Wand,
Brechen nun Riesentränen um den Sturz den keiner
kennt,

Um jener Häuser Legen,
Die nicht unsre Knochen pflegten,
Um Tode Einziger die wir nie erfuhren,
Seht, allein durch unsre Hände
Ziehn mit unsrem Staub nun Fremde
Ein durch unsres unbetretnen Hauses Türen.
Verbannt in uns wecken wir Liebe, sacht,
Ungeballt, seidig-rauh, waffenlos, die alle Felsen bricht.

Das nächste Gedicht handelt von einer Mutter und ihrem Kind, das gerade geboren werden soll. Es ist kein erzählendes Gedicht, auch keine Debatte, sondern eine Folge von einander widersprechenden Bildern, die durch Mitleid und Gewalt zu einem unversöhnten Aufsichnehmen des Leidens führen: des Leidens der Mutter *und* des Kindes. Dieses Gedicht ist dunkel genannt worden. Ich weigere mich zu glauben, daß es dunkler ist als Mitleid, Gewalt oder Leiden. Weil es aber ein Gedicht ist, und nicht eine ganze Lebenszeit, ist es mehr komprimiert:

Krümmt mein Kopf einem Haar nur den Fuß

»Krümmt mein Kopf einem Haar nur den Fuß,
Stau den flaumigen Knochen zurück! Bockt der unangestochene Ball
Meines Atems auf einem Strahl, laß die Blasen platzen im Fall!
Lieber fallen gehenkt am Hals von dem Wurm aus Strängen
Als auf dem geschlagenen Schauplatz schlechte Liebe zu zwingen.

Alle Worte im Spiel passen in deinen Hahnenkampfring:
Ich durchsuche die Wälder voll Fallen mit dem Handschuh an einer Laterne,
Peck, spring und tanz auf dem Springbrunnen, drück vor der Zeit mich,
Eh ich geduckt das Gespenst überrenn mit dem Hammer, auf Luft und
Licht stoß und blutig mach einen Raum voller Leute.

Ist mein geducktes äffisches Kommen grausam,
Wüt mich zurück ins Zeughaus: meine Hand fasere auf
Und vernäh die tiefe Tür! Das Bett ist bös, eine Kreuzstatt.
Tut mein nahender Schädel weh, verbieg meine Richtung zum Bogen:
Laß die reiterlos schlaffe Gestalt durch neun abmagernde Monate fliegen:«
»Nein! Ich wollte nicht um Christi blendendes Bett,
Auch um Perlmutterschlaf unter weichen Stäubchen und Lockungen nicht,
Daß ich meine Tränen und deinen eisernen Kopf, mein Liebes, nicht hätt!

Stoß, meine Tochter, mein Sohn! Stoß dich frei! Nein, das geht nicht, nein, nein,
Auch nicht, wenn das schwere himmlische Heer aller Wasser bricht.

Nun dein Erwachen, aus meiner Lust wie aus einer Höhle gestoßen
Zur Kindheit, auf ewig unfrei, Erwachen zu Angst und Aas,
Du mein verlorenes Lieb, verstoßen aus gutem Haus!
Den Weg von des Grabes Rand läuft das Korn daher und dahin alle Straßen
Und hat Stimme und Haus, und dort und da mußt du liegen und schrein.
Rast wahllos im für den Rost bestimmten Korn,
An der Brust, die mit Meeren versorgt ist. Rückweg wird keiner sein,
Nicht auf fetter Straßen Wogen noch auf des Gerippes mageren Wegen.
Das Grab und mein ruhiger Leib sind versperrt für dein Kommen wie Stein,
Und der endlose Anfang der Kindwunder duldet offen.«

Seine eigenen Gedichte verlesen heißt immer die Katze aus dem Sack lassen. Vielleicht haben Sie schon immer Stücke eines Gedichts im Verdacht gehabt, überladen zu sein, zu gewaltsam oder dumm, und dann, mit einem Mal, von des Dichters eigenen Lippen, wird Ihr Verdacht zur Gewißheit. Wie er eine Zeile verzögert, um sie zu genießen, weil er sich erinnert, wieviel Mühe es ihn damals gekostet hat, sie genau so zu machen; und das ausgerechnet in dem gleichen Augenblick, in dem Sie finden, daß diese Stelle Härte und Tempo braucht. Faucht oder miaut die Katze denn besser, wenn sie von ihrem ursprünglichen Eigentümer – oder sogar von ihrem Vater, dem Katerdichter – aus dem Sack gelassen wird, als wenn das ein anderer tut, der sie nicht selbst hineingesteckt hatte? …

Gedicht im Oktober

Es war mein dreißigstes Jahr gen Himmel
Das wachte auf als ich hörte vom Hafen und Nachbar-
wald
Und vom muschelgeteichten und reiher-
Gepriesterten Strand
Des Morgens Locken
Mit Gebeten des Wassers und Rufen der Seemöwe und
der Krähe
Und dem Pochen von Segelbooten an die netze-verfitzte
Wand
Daß ich gehe
Ohne zu stocken
Durch die noch schlafende Stadt hinaus ins Land.

Mein Geburtstag fing an mit den Wasser-
Vögeln und Vögeln geflügelter Bäume die flogen meinen
Namen
Über den Bauernhöfen und über den weißen Rossen
Und ich stand auf
Im Regenherbst
Und ging hinaus in einen Schauer all meiner Tage.
Flut wars und der Reiher tauchte als ich den Weg nahm
Über die Grenze
Und die Tore
Der Stadt beim Erwachen der Stadt sich schlossen.

Ein Frühling voll Lerchen in einer kollernden
Wolke und Straßenrandsträucher wimmelnd von
singenden
Amseln und die Oktobersonne
Sommerlich
Auf des Hügels Kuppe,
Da waren linde Lüfte und süße Sänger mit einem Mal
Gekommen am Morgen durch den ich ging und lauschte
Dem regenauswindenden
Wind der blies kalt
Im Wald tief unter mir im Tal.

Fahler Regen über dem schwindenden Hafen
Und über der seenassen Kirche schneckenklein
Mit ihren Hörnern im Dunst und über dem Schloß
Eulenbraun:
Doch alle Gärten
Des Frühlings und Sommers blühten in großen Sagen
Jenseits der Grenze und unter der Wolke voll Lerchen.
Dort konnt ich mit Staunen
Meinen Geburtstag
Vertun – doch das Wetter wendete sich um.

Es wendete sich ab von dem heiteren Lande
Und die andere Luft und den blauen veränderten
Himmel entlang
Strömte es wieder als Wunder von Sommer
Voll Äpfeln
Birnen und roten Beeren
Und in der Wendung sah ich so deutlich eines Kindes
Vergessene Morgen als es mit der Mutter den Gang
Durch die Parabeln
Des Sonnenscheins ging
Und durch die Legenden der grünen Kapellen
Und durch die zweimal erzählten Felder der Kindheit
daß seine Tränen
Meine Wangen brannten und sein Herz in meinem sich
regte.
Das waren die Wälder der Fluß und die See
Wo ein Knabe
Im horchenden
Sommer der Toten die Wahrheit von seiner Freude sagte
Flüsternd den Bäumen und Steinen und Fischen in der
Flut.
Und das Geheimnis
Lebte und klang
Noch immer weiter in Wasser und Singvogelsang.

Und dort konnte ich meinen Geburtstag
Verstaunen. Aber das Wetter wendete sich und die wahre
Freude des lange toten Kindes sang brennend klar
In der Sonne.
Es war mein dreißigstes

Jahr gen Himmel das dort stand im Sommermittag
Ob auch unten die Stadt belaubt voll Oktoberblut lag.
O daß meines Herzens Wahrheit
Gesungen werden mag
Auf diesem hohen Hügel auch noch in einem Jahr.

Das nächste Gedicht, das ich Ihnen vorlese, ist das einzige, das ich je unmittelbar über das Leben und den Tod eines einzelnen wirklichen Menschen geschrieben habe, den ich selbst kannte, und nicht über die vielen vielen Leben und Tode, ob ich die nun, wie in meinen ersten Gedichten, in der ungestümen Welt meines eigenen Ich gesehen hatte, oder, wie in den späteren Gedichten, im Krieg, im Schmerz und in den großen Löchern und Winkeln der allumfassenden Liebe.

Nach dem Begräbnis
(Zum Andenken an Ann Jones)

Nach dem Begräbnis, dem Mauleselllob und -gewieher,
Dem Windwehn von Segellangohren, dem gedämpften Zehenspitztripp
Und Trapp des glücklichen einen Fußes mitten
Durch dick und dünn des Grabes, verhängten Lidern, Zähnen in Schwarz,
Nach speichligen Augen, nach Salzteichen in den Ärmeln,
Nach dem Morgengeklatsch des Spatens der weckt den Schlaf und der fest
Einen trostlosen Jungen rüttelt, der sich die Kehle durchneidet
Im Dunkel des Sarges und dürres Laub fallen läßt,
Das einen Knochen ans Licht bricht mit Jüngstem Gerichtstagshieb;
Nach dem Schmaus von tränengestopfter Zeit und Disteln in einem Zimmer
Mit ausgestopftem Fuchs und abgestandenem Farn,
Steh ich um dieses Andenkens willen allein
In den wimmernden Stunden bei der toten, buckligen Ann,
Deren verkapptes Springbrunnenherz einst in Tümpeln fiel

Auf die dürren Welten von Wales und jede Sonne ersäufte
(Obwohl das für sie ein Ungeheuer von Bild ist, blindlings
Vergrößert vom Lob; ihr Tod war ein stiller Fall;
Sie würde nicht wollen, daß ich in die heilige
Flut ihres Herzensruhms sinke; sie läge stumm und tief
Und brauchte keinen Druiden ihres zerbrochenen Leibes).
Doch ich, Anns Barde an einem erhöhten Herd, ruf alle
Meere zur Andacht, daß Anns holzzüngige Tugend
Lalle wie eine Läutboje über den hymnenden Köpfen
Und zu Boden beuge die Wände der farnig-füchsischen Wälder,
Daß ihre Liebe singe und schwinge durch eine braune Kapelle,
Ihr verbogener Geist sei gesegnet mit vier sich kreuzenden Vögeln.
Ihr Fleisch war mild wie Milch, doch dies Denkmal gen Himmel
Mit wilder Brust und gesegnetem riesigem Schädel
Ist geschnitten aus ihr in einem Raum mit einem nassen Fenster
In einem lichterloh flennenden Haus in dem krummen Jahr.
Ich weiß, ihre gewaschenen demütig-sauren Hände
Liegen mit ihrem Glauben im Krampf; ich hör
Ihr abgeschabtes Flüstern, ein feuchtes Wort, ihr durchlöchertes Denken;
Ihre Faust von Gesicht starb geballt um ein rundes Schmerzengestöhn;
Und die gemeißelte Ann ist ein Jahrsiebzig aus Stein.
Diese in Wolken getauchten marmornen Hände, dies monumentale
Argument aus gehauener Stimme, Geste und Psalm,
Das bestürmt mich immerzu über ihrem Grabe bis einst
Die ausgestopfte Lunge des Fuchses zuckt und ruft; Liebe
Und der stolzierende Farn legt Samen aufs schwarze Gesims.

Walisische Dichter

Die Stellung des Dichters – wenn Dichter überhaupt Stellungen haben müssen, abgesehen von der aufrechten Stellung – die Stellung des Dichters also, der in Wales oder von walisischen Eltern geboren ist, aber englische Gedichte schreibt, wird heute von vielen Leuten unnötig und auf banale Art erschwert. Es gibt eine Anzahl von jungen Walisern, die englisch schreiben, die aber, weil sie leidenschaftlich auf ihrer walisischen Nationalität bestehen, eigentlich walisisch schreiben müßten. Aber entweder können sie nicht walisisch schreiben, oder wegen der bgrenzten Absatzmöglichkeiten walisischer Werke wollen sie es nicht und erwecken dann oft den Eindruck, daß ihr Englischschreiben nur eine Herablassung sei, ein Zugeständnis an den Einfluß und die Allgegenwart einer tyrannischen Fremdsprache. Zu denen gehöre ich nicht.

In der Zeit von 1622, dem Geburtsjahr Henry Vaughans, bis zum Jahre 1944, als Alun Lewis starb, gibt es nicht mehr als ein halbes Dutzend wirklich wichtige walisische Dichter, die englisch schrieben, doch gab es viele fähige und charmante Leute, die sich einer Feder gut zu bedienen wußten. Ich kann weiter nichts sagen, als daß Waliser von Zeit zu Zeit außerordentlich gute Gedichte in englischer Sprache geschrieben haben. Ich möchte eigentlich annehmen, das kommt daher, daß sie vor allem gute Dichter waren und sind, und nicht gute Waliser. Was zählt, ist die Dichtung, geschrieben in der Sprache, die für den Dichter die natürlichste ist, und nicht des Dichters Weltteil, Land, Insel, Rasse, Klasse oder politische Überzeugung.

HENRY VAUGHAN

Vor Vaughan gab es eine großartige Dichtungstradition in walisischer Sprache. Dafydd-ap-Gwilym zum Beispiel, ein

Zeitgenosse Chaucers, gilt bei den meisten Kennern der keltischen Literatur als diesem ebenbürtiger Dichter. Vaughan, der aus uralter walisischer Familie kam und in England erzogen wurde, hat ap-Gwilyms Gedichte ganz bestimmt gekannt. Aber er ahmte das überschwengliche Bardentum jenes großen höfischen Dichters keineswegs nach, sondern leitete seinen Stil und seine Themen von George Herbert her. Er schrieb zu einer Zeit, in der ein Dichter Stil und Inhalt wirklich von einem anderen ableiten und dennoch originell bleiben konnte. Er las und liebte auch die Dichtung John Donnes, aber am meisten liebte er sie, wo er sie im Werk Herberts gespiegelt und verwandelt sah. Für Vaughan war die Welt »nichts Geringeres als ein Schleier des Ewigen Geistes, dessen Gegenwart in jeglichem, und sei es auch in dem kleinsten Teile, gespürt werden kann«. Der heutige Leser wird ihn vielleicht nicht als mystischen Theologen schätzen, sondern als wunderbaren Dichter einzelner Verse, als einen Magier der Intervalle. Er wird an einzelne ungewöhnliche Zeilen denken, und nicht so sehr an ganze, noch ungewöhnlichere Gedichte. Vielleicht zum Beispiel an diese Zeilen aus einem Gedicht über das Grab:

Ein Nest von Nächten, und ein düstres Haus,
Wo Schatten brauen und der Wolkenkraken
Sitzt auf der Sonne Stirn jahrein, jahraus,
Und nichts bewegt sich ohne Totenlaken.

Oder ein einzelnes Bild:

... Sterne nicken ein und schlafen
Und spinnen durch finstere Luft einen feurigen Faden.

Oder diese Stelle aus dem *Tag-Frühling:*

Früh, als die Finsternis noch fröhlich war,
Und, sternvergoldet, mehr als Tag sogar,
Erhob sich grün das unsterbliche Reis,

Der Erde keusche Ros', des Himmels Lilie weiß,
Und neigte vor dem Vater ganz allein
Das hochgebenedeite Antlitz sein.

Und hier eine von den vielen großartigen Anfangszeilen:

Gestern sah ich der Ewigkeit Gesicht
Als riesigen Ring von endlos reinem Licht.

Aber ich habe ein ganzes Gedicht ausgewählt, in dem sich die Gestalten seiner echten und intensiven Gesichte in einer wilden und doch unweigerlich geordneten heiligen Landschaft bewegen:

Die Nacht

Von jungfräulichem Schrein bist du umhegt,
Vom Schleier, der vor deinem Mittag schont,
Daß dich der Mensch sieht und dich doch erträgt,
Wie Glühwurm nachts den Mond.
Der weise Nikodemus sah solch Licht
Und kannte dran bei Nacht des HERRN Gesicht.

Voll Segen gläubig, er!
Der in der blinden Augen dunklem Land
Die heilenden Schwingen sah, ersehnet sehr,
Als GOTT erstand,
Und der, was keiner sonst vollbracht,
Sprach mit der Sonne in der Mitternacht.

Wie er dich fand in totenstiller Stund,
Wer sagt mir, wo?
Aus welchem heilig abgelegnen Grund
Wuchsest du, Blume, so
Daß unserer Gottheit Fülle in dir liegt
In deinen beneideten Kelch geschmiegt?

Kein goldner Thron der Ehrn,
Kein staubig toter Cherub statt aus Stein,
Nur Seine guten Taten hielten meinen HERRN
Aufrecht allein,
Wo Bäum und Sträucher wachten und voll Fragen
Ihn sahn, indes die Juden schlafend lagen.

Lieb Nacht, Weltniederlag!
Schranke geschäftiger Narrn und trüber Dinge,
Ruhbett der Seel, der Geister stiller Tag,
Drein keiner Unruh bringe

Du CHRISTI Betezeit und Bahn,
Deine Stunden kündt der Himmel an.

GOTTS suchend stiller Flug
Wenn meines HERREN Haupt voll Tau ist, all
Sein Haar vom Wasser der Nacht ist feucht genug,
Du, Seines Rufens Schall,
Du, Seines Pochens Zeit, der Seele stumme Wachen,
Da Geister Jagd auf ihresgleichen machen.

Wärn all' mein laut', schlimm' Tag
Ruhig, ohn Spuk, gleichwie dein dunkles Zelt
In dessen Stille nur der Engel Flügelschlag
Und Stimme manchmal fällt,
Dann wollt im Himmel ich das ganze lange Jahr
Verweilen, und nicht wandern hier fürwahr.

Doch lebend, wo die Sonn'
Alle Ding' weckt, daß sie, umirrend, stumpf
Sich selbst und andre machen, lauf auch ich davon
Zu jedem Sumpf,
Und dieser Welt Irrlicht des Tags führt dann
Mich schlimmer, als ich in der Nacht gehn kann.

Es ist in GOTT – es heißt –
Ein tief, doch blendend Dunkel! Wie man gar
Sagt: spät und dämmrig ist es; denn der Geist
Der Menschen sieht nicht klar.
Käm doch die Nacht, in der ich lichterlos
Unsichtbar leben dürft in Seinem Schloß!

EDWARD THOMAS

Von Edward Thomas, der 1917 in Frankreich gefallen ist, bis zu Alun Lewis, der 1944 in Indien starb, entstand eine ganz neue Literatur von Gedichten, die von Walisern geschrieben wurden. Ich glaube aber nicht, daß diese Dichter irgend etwas miteinander gemein hatten außer Liebe zur Dichtung und zu ihrem eigenen Land. Ihre dichterischen Quellen waren nicht die gleichen, wenigstens nicht in nennenswertem Maß. Edward Thomas zum Beispiel liebte sein ganzes jämmerlich kurzes und viel zu oft trauriges Leben lang das überaus englische Werk eines Thomas Hardy, die Gedichte von John Clare, dem Bauern aus Northamptonshire, und William Barnes, den Dichter von Dorset. Immer liebte er die sattbraunen Ställe und Koppeln des Malers George Morland und die liebevollen Landschaften des alten Crome. Er liebte die Felder, die Wälder, die gewundenen Landstraßen, er kannte tausend ländliche Dinge: die Regendiamanten auf den Grashalmen, die geisterhaft weiße Blüte der Petersilie, Maus und Zaunkönig und Rotkehlchen, die ersten Veilchen in jedem Jahr, die Misteldrossel, die Holunderbeeren, liebte die Hagebutten, die Haselnußstauden, frischgemähtes Heu, den Ruf des Kuckucks, den unberührten Tau, Kirchen, Friedhöfe, Farmen, Kuhställe, Kinder, Wildgänse, Pferde in der Sonne. Edward Thomas war, wie Walter de la Mare gesagt hat, ein treuer und einsamer Liebhaber jenes Liebenswerten, das die meisten von uns nicht lieben, und das hat ihn viel gekostet. Und als er schließlich in Flandern getötet wurde, zerbrach ein so reiner und unverfälschter Spiegel Englands, daß nirgends eine klarere und zartete Spiegelung zu finden ist als in seinen Gedichten.

Hier eines von diesen Gedichten, das er in Wales geschrieben hat:

Mutter, die Wurzel dieser kleinen gelben Blume
Zwischen den Steinen schmeckt nach Chinin.
Seltsam sind heut die Klippen, die Sonne so hell,
Und der Heuschreck an seiner Nähmaschin'
So fleißig. Da war einer auf meiner Hand, Mutter, such!
Ich liege so still. Da ist einer auf deinem Buch!

Doch was Seltsameres muß ich sagen, drum laß
Dein Buch dem Heuschreck, liebe Mutter mein! –
Wie ein grüner Ritter auf dem Markt, auf dem bunten Platz –
Und horch mit mir! Hörst du, was ich mein,
Weit draußen? Der Schaum dort schlägt Locken dann und wann
Und hebt einen weißen Arm wie ein Mädchen dann.

Fische und Möwen läuten nicht. Es kann keine Kirche
Und keine Kapelle sein von Devon bis hierher,
Mit glockenläutenden Fischen oder Möwen. Doch horch
nur:
Irgendwo oben im Himmel oder unten im Meer!
»'s ist die Glocke, mein Sohn, in der Bucht, die im Wellengang
Auf der Boje klingt. Die hat heut einen schönen Klang.«

Was Schöneres hört ich noch nie, Mutter! Nein, in ganz
Wales nicht.
Ich möcht gern liegen, dort unten, wo es schäumt,
Tot, aber hören den Klang der Glocke
Und sicher wissen, daß die Mutter oft kommt
Und sich ausruht und zuhört und sich freut.
Wenn das sein könnt, wär ich glücklich heut.

W. H. DAVIES

W. H. Davies (1871–1940) wurde in Monmouthshire geboren und kam sehr jung zu einem Rahmenmacher in die Lehre. Er durchstreifte als Vagabund Amerika, überquerte vielmals auf Viehfrachtern den Atlantik und war in England Hausierer und Straßensänger. Völlig arm und allein, gebildet nur durch das, was er zufällig in den Slums der großen Städte zu lesen fand, begann er plötzlich Gedichte zu schreiben, die geradewegs von Robert Herrick herzustammen schienen. Vom ersten bis zum letzten waren seine vielen, vielen Gedichte immer frisch, einfach und selbstsicher. Auch in seinen leichtesten Versen war etwas Unabänderliches. In seinen winzigsten Betrachtungen der Welt um uns lag einmalige Beobachtung.

Seine berühmtesten Gedichte handeln von Vögeln, Wolken und Tieren, von der Fahrt der Planeten und der Jahreszeiten, vom Abenteuer des Kommens und Gehens des einfachen Tages und der einfachen Nacht. Aber ich habe zwei seiner weniger bekannten Gedichte ausgewählt, die ihn vielleicht vielen in einem neuen Licht zeigen werden, doch deshalb nicht weniger sorgfältig gerecht und liebevoll als in den Gedichten, in denen seine Königsreiher, seine Rotkehlchen, seine kleinen Buckligen im Schnee, alle die Einwohner seiner winzigen, reinen Welt ihre geheimnisvollen Wege gehen, am Himmel und auf der Erde, die er beide so sehr geliebt hat.

Die Untersuchung

Ich tat den Schwur zu forschen gut,
Leidenschaftslos und sachlich nur,
In Sachen *Tod der Ada Wright*,
So helf' mir Gott! – ich tat den Schwur.

Und als ich ging, den Leichnam sehn –
Viermonatskind, es starb so jung –
Dacht ich es wog wohl sieben Pfund
Und war kaum mehr als ein' Fuß lang.

Ein Auge zu, mit gelbem Lid,
Zu auch der Mund, der lächelt' lind,
Das linke Aug offen, das glänzte hell –
Es schien ein kluges kleines Kind.

Und als ich das eine Auge sah,
Da wars als hätte es gesagt und gelacht:
»Woran ich starb, weißt du doch nie,
Vielleicht hat die Mutter mich umgebracht.«

Drauf ging ich in den Gerichtssaal zurück
Und hörte der Mutter Aussage dann –
Ein Kind der Liebe, meinte sie –
Und lächelte uns erklärend an.

»Meine Herren Geschworenen«, sprach sodann
Zu uns der Beamte, »dies Kindlein da,
Das fand durch Unfall seinen Tod.«
Die Mutter lächelte; wir sagten: »Ja.«

Und ich sah des Kindes eines Aug,
Und mir war, als hätt es gesagt und gelacht:
»Woran ich starb, weißt du doch nie.
Vielleicht hat die Mutter mich umgebracht.«

Die Büste

Als ich ins Weite zog hinaus,
Da ließ ich eine Frau im Haus,
Daß sie den Staub fernhalten müßte,
Von Büchern, Bildern und meiner Büste.

Als ich zurückkam, lag Willkommen
In ihrem Blick, sie sprach beklommen,
Und alles stand an seinem Ort
So rein und klar wie sie selber dort.

Doch dann nahm ich's genauer wahr:
Staub lag auf meiner Büste Haar,
Auch Brau'n und Nase weiß bekränzt --
Die Lippen nur warn blank umglänzt.

Die Zeit verging, da ging auch sie.
Doch wie das war, vergeß ich nie:
Wie ein harter Mund einst rein blieb und schön,
Durch Lippen, die küßten ungesehn.

IDRIS DAVIES

Idris Davies verbrachte einen großen Teil seines Lebens in Armut und ungünstigen Umständen. Das hat ihn nie zornig gemacht, wenigstens nicht in seinen Gedichten. Aber aus den Bergwerkstälern von Süd-Wales kamen Dichter, die anfingen, in einem Geist des leidenschaftlichen Zornes über die Ungleichheit in unserer Gesellschaft zu schreiben. Sie schrieben nicht von den Wahrheiten und Schönheiten der natürlichen Welt, sondern von den Lügen der Häßlichkeit des unnatürlichen Gesellschaftssystems, unter dem sie arbeiteten, oder, während der zwanziger und dreißiger Jahre, noch häufiger nicht einmal Arbeit fanden. Sie sprachen in rauhen zornigen Rhythmen von dem Wales, das sie kannten: von den Schlackenhalden, von den schlangestehenden Arbeitslosen, von den halsstarrigen bankrotten Dörfern, von den Kindern, die auf den Halden nach Kohle suchten, von den schäbigen Parzellen der Bergarbeiter, vom billigen Kino, von den Hunderennen, von den stillgelegten Steinbrüchen, den rostenden Fördermaschinen, den hageren Bethäusern mit ihren Wellblechdächern mitten im Ruß, von den Hauern, die im angeschnittenen Flöz hokken, den Wirtshäusern, den Woolworth-Kaufläden, den Pastoren und den Zigeunern, von Silikose, vom kleinen Moskau oben jenseits der Berge, von der Fabrik mit ihrem eingedellten Dach und ihrem Schornstein ohne Rauchfahne, von der grauen Steinstraße, vom Fluß und seinem Abschaum, von den Männern, die als Bündel aus Mützen und Fausthandschuhen vor dem düsteren Arbeitsamt und der Leihbücherei standen.

Von diesen Dichtern ist Idris Davies vielleicht der einzige, der versucht hat, die Gewalt, die in ihm war, in wirkliche Gedichte zu fassen. Und er erreicht oft lyrische Einfachheit, die aber seinen Haß gegen das Unrecht nicht weniger grimmig macht. In manchen seiner Gedichte bringt er es sogar über sich, mit einer Art trauriger Leichtherzigkeit von seinen Leuten und von seinem Land zu schreiben, zum Beispiel in dem Gedicht »Er wird nicht mehr reden von jenen Tagen ...« In seinem Gedichtband »Gwalia Deserta« ist ihm auch ein sehr einfaches und ergreifendes Lied geglückt:

O gib mir was, gib mir!
Weinen die Glocken von Rhymney.

Wirds denn je besser werden?
Schrein die braunen Glocken von Merthyr.

Ist der Schachtherr was Besondres?
Sagen die schwarzen Glocken von Rhondda.

Wer bringt den Bergmann um das Seine?
Schrein die grimmigen Glocken von Blaina.

Euch zu plündern sind sie willig!
Sagen die Glocken von Caerphilly.

Mit Zähnen und mit Krallen
Laut von Neath die Glocken schallen.

In Südwales kanns Herz euch brechen,
Sagen die rosa Glocken von Brecon.

Auch Gott mags nicht mehr ansehn,
Sagen die feuchten Glocken von Swansea.

Vor Gericht stellt sie sofort!
Schrein die Glocken von Newport.

Dann wär alles recht artig,
Sagen die grünen Glocken von Cardiff.

Was bedrückt euch, Schwestern, ei?
Singen die silbernen Glocken von Wye.

GLYN JONES

Glyn Jones, derzeit Schulmeister, ist einer der wenigen jungen Waliser, die heute englische Gedichte schreiben, zugleich aber wirklich die eigentliche walisische Dichtung von Grund auf kennen. Er hat in mehreren englischen Gedichten versucht, die sehr schwierigen Metren der alten walisischen Barden zu verwenden. Diese Kunstformen beruhen zum großen Teil auf Assonanz, Alliteration und äußerst komplizierten Binnenreimen. In den Händen der wenigen, die versucht haben, sich dieser Kunstmittel im Englischen zu bedienen, war das Ergebnis nur eine Verzerrung, Einzwängung und Verdunkelung des natürlichen Genius der englischen Sprache. Aber wenn Glyn Jones sich nicht mit diesen Versuchen befaßt, die für an englische Gedichte gewohnte Ohren unweigerlich ungeschickt und verschroben klingen müssen, dann kann er mit solcher Sicherheit schreiben, wie im folgenden Gedicht, in dem man den Einfluß von D. H. Lawrence erkennen kann, besonders in der letzten Strophe. Es heißt *Esyllt* (= Isolde):

Er klettert unseren Hang herunter, da steigt mein Falke,
Steuert schweigend hinauf über fünf leeren Feldern,
Ein weiches, sonnengebürstetes Braun um die Schultern,
Und schwebt in weiten Kreisen auf starr gebreiteten Schwingen.
Ihre Schatten schneiden: in neuen weichen gelbroten Jagdschuhn
Bricht mein Geliebter durchs knackende Rankenwerk.

Der stille dornbuschzischende Hügel brennt von des goldenen Ginsters
Auswitterndem Quarz. Jeder Strauch, den er streift, vergießt Tau.
Seltsam, zuletzt die Trennung war niemals traurig,
Sondern unwirklich, wie meine versprochenen Jahre,
Schwächer spürbar als diese silbrige Schneckenschrift-spur,
Die hier stark in der Sonne auf Steine gekritzelt ist.

Warum wollte ich oft heftiger aufschrein
Gegen sein Fortgehn, wenn er mein Fleisch nur verließ
Für eine Nacht? Wenn er gegangen war
Heiß aus der Mutter Küche, und meine Kämme
Auf dem Tisch lagen unter der Lampe, und der Wind
Klapperte mit den Türen des Schuppens drüben im Hof.

ALUN LEWIS

Alun Lewis fand durch einen Unfall den Tod, im Jahr 1944, als Soldat in Indien. Drei der besten (vielleicht wird man in einer späteren, stilleren Zeit finden, daß es *die* besten waren) Dichter, die in den beiden großen Kriegen dieses Jahrhunderts geschrieben haben, waren Edward Thomas, Wilfred Owen und Alun Lewis. Thomas und Owen wurden fünfundzwanzig Jahre alt, Lewis achtundzwanzig. Alle drei waren Waliser. Über Nationalcharakter habe ich bei dieser Gelegenheit nichts zu sagen. Lewis war einer, der heilte und erleuchtete, demütig vor seinen eigenen Geständnissen, überwältigt vom ewigen Geständnis der Liebe, das von den verachteten und verurteilten Bewohnern der rings um ihn zerbröckelnden Welt abgelegt wurde. Er schrieb:

Ich habe keinen Wunsch mehr, zu gestalten
Die alten Beziehungen, die Liebe, erfüllt
Oder verdummt, oder die Gabe zu leiden.
Ich will auch nicht alles schön sagen, was Dichter schon sagten
Vom einen oder andern der alten Zwänge,
Denn nun sind die Zeiten alle versammelt zur Beichte.

Und immer demütig, niemals als Priester, sondern als ihr Diener hörte er diese Beichte. Wie Wilfred Owen wußte er, daß im Krieg die Dichtung im Jammer liegt, im Mitleid. Und wie Owen konnte er sich nie über das Mitleid stellen, sondern mußte ihm Sprache verleihen, wie in diesem Zitat aus einem unvollendeten Stück, in dem Sacco, der Genosse Vanzettis, aus dem Gefängnis an seinen Sohn schreibt:

Was dich betrifft, so denk dran, daß im Spiel
Des Glücklichseins du nicht alleinstehn darfst,
Denn Glück ist, daß du teilnimmst an den Festen.
Auch darin sei ein Mann, wie du begrüßt
Das Leid, das dein Gesicht als Kind schon schmal macht.
Und wenn du kämpfen mußt, sei nicht beunruhigt.
Nur Narren glauben, Leben geht nach Maß,
Narren, und Töchter auch aus reichem Hause.

Halt mit dir Maß, doch altbacken vor Vorsicht
Oder vor Zweifel werde nie. Ich wünschte
Du sähst mich morgen vom Elektrischen Stuhl
Hinuntergleiten. Dran könntest du denken
Und nie, mein Sohn, unseres Kampfes Preis
Am Ausgang messen wie ein armes Weib.
Doch deinen Schlaf stör ich mit keinem Alptraum.
Du sahst so glücklich aus in deinem Bett ...

Doch hab ich weder Kraft, noch Zeit für alle
Diese Gedanken. Einer schon genügt,
Das All zu füllen. So; ich laß das Schreiben ...
Ich hoffe dieser Brief trifft dich gesund an,
Mein Sohn du, mein Genosse! Grüße mir
Inez, und Mutter, und auch meine Freunde.
Auch Bartolo schickt seinen Gruß an euch.

Ich hätte besser, einfacher geschrieben,
Nur dreht sich mir der Kopf jetzt wie ein Kreisel
Und meine Hand ist zittrig ... Ach, ich bin so
schwach ...

Wales und der Künstler

Zu viele Künstler aus Wales, die ihren dauernden Wohnsitz in, sagen wir einmal, London aufschlagen, beginnen sich fast sofort bis zur Unkenntlichkeit zu anglisieren. (Freilich gilt das nicht nur für Künstler. Ich kenne einen Friseur aus Wales in London, der so haarsträubend energisch daran gearbeitet hat, seinen Akzent loszuwerden, daß er sich jetzt anhört wie ein Mann, der den marmornen Parthenonfries aus dem Britischen Museum im Mund hat.) Diese anglisierten Waliser äffen das dunkle »a« nach. Sie verleugnen die walisische Sprache, gleichgültig ob sie sie kennen oder nicht. Durch herablassendes Erzählen von komischen, nicht ganz klaren Geschichten von Dai und Evans aus den alten Tälern, verdienen sie sich in Gesellschaft kultureller Speichellecker, die sich ihrerseits wieder zu ihnen herablassen, jämmerliche Dinners und Runden von abgestandenen Getränken. Sie fallen auf die allerneuesten »ismen« herein, arglos wie junge Hunde auf Gummiknochen. Mit ihrer spanielhaften Anhimmelei und ihrer Unkenntnis der Tradition, die sie unweigerlich zum Experiment zwingt, bestätigen sie den Verdacht nichtwalisischer experimenteller Künstler, daß alle Waliser Schwindler seien, besonders aber walisische Künstler. In Ausstellungen, Konzerten, auf Cocktailparties finden sie sich an den dicken, horngefaßten Rändern, wo sie ihren natürlichen Eifer erdrosseln, um ein, zwei halbverschluckte geringschätzige Worte fallen zu lassen und mit wissender Blasiertheit die Gemälde, die Musik, die Gäste, ihren Gastgeber abzutun, wobei sie ihre Stimmen in ein Korsett schnüren, daß ja kein Tonfall von walisischem Enthusiasmus auftrillern oder herauskollern kann. »Genohgenomm«, sagen sie, »bin ich in Cwmbwrla geboren, aber Soho ist besser für meine Gouaches.« Sie errichten im näselnden nieselnden London ihr eigenes kleines Talmi-Wales, eine Exilregierung von enteigneten Intellektuellen, die nicht ihr Land, sondern ihren Intellekt verloren haben.

Und sie kehren von längerer Zeit zu Zeit heim, wie Leutseligmacher, um ihre festeingefahrenen alten Freunde von oben herab zu behandeln und auf die Schultern zu klopfen und amüsiert nach dem Weg zu dieser Straße und jenem Gebäude zu fragen, als wüßten sie ihn nicht mitten in der Nacht. Sie kehren heim, um mit allen Magneten ihres Snobismus die Vornamen und die Anzahl der Frauen alternder Maler aufzulesen, die Stammlokale aufsteigender Dichter, das intime Verhalten der berühmten Musiker, die sie gar nicht kennengelernt haben, und um in ihren Taschen und Mündern ihre ausländischen Pennys, Ansichten und Wortbetonungen klimpern zu lassen.

Und auf der anderen Seite bleiben zu viele walisische Künstler zu lange daheim, in Wales, Riesen in der Finsternis hinter dem Dorfbrunnen, Pygmäen in der völkerlosen Sonne, die neidisch ihre vergifteten Pfeile auf die Künstler anderer Länder abschießen, statt zu versuchen, das Niveau der Kunst ihres eigenen Landes zu heben, indem sie sich ordentlich hinter ihre eigenen Worte, Farben und Melodien hermachen.

Und zu viele Künstler in Wales verbringen zuviel Zeit mit Debatten über die Stellung des Künstlers in Wales.

Es gibt nur eine Stellung für einen Künstler, ganz gleich wo: aufrecht.

Über Dichtung

Ja, auch ich bin der Meinung, daß Varietéchansons, »music-hall songs«, gute Dichtung sein können. Das gleiche gilt für Klapphornreime, für Limericks, gleichgültig, ob sie in den Salon oder in die Wirtsstube passen. Aber ich glaube, Werbetexte und dergleichen waren nie gute Dichtung. Ich glaube, Stephens, Sie machen sich über meine (verhältnismäßige) Jugend einfach lustig. Die junge Generation wurde früher von der älteren leichtfertig genannt. Jetzt nicht mehr. Wir sind es jetzt, die die Leichtfertigkeit der Älteren bemängeln. Ich komme mir so ähnlich vor wie das kleine Mädchen auf einem Bild von Max Beerbohm, das Matthew Arnold eine pedantische Rüge erteilt: »Warum, Onkel Matthew, ach, warum willst du nicht immer völlig ernst sein?« Ich bin ganz dafür, daß man diesen Unsinn von der Ernsthaftigkeit aus seiner Haltung zu Gedichten wegläßt. Ich hasse die ehrfurchtserstickte Stimme und die barhäuptige Haltung genau so wie Sie, Stephens. Ich mag aber nicht den doppelten Bluff, der da meint: »Ich bin eine der Ruinen, die Cromwell ein wenig zerdrosch«, sei bessere Dichtung als, sagen wir zum Beispiel das ernsthafte und heute unmoderne Werk eines Cowper oder Francis Thompson. Es ist eben nur eine ganz andere Art Dichtung.

Fast alles, was man über Dichtung sagt, ist so wahr und wichtig wie alles andere, was irgendwann irgendwer gesagt hat. Manche Leute reagieren *körperlich* auf die Magie der Dichtung, das heißt auf die Augenblicke authentischer Offenbarung, auf die Querverbindung der Menschen untereinander; darauf, daß auf höchster Ebene die persönliche Erfahrung wieder geteilt wird. Solche Menschen sagen, sie finden, daß es in ihren Tränendrüsen zuckt, oder daß die Kopfhaut sie juckt oder das Rückgrat sie kitzelt, und daß sie irgendwo irgendein verschwommenes Gefühl haben: »Ja, das ist es!« Andere behaupten, daß ihre »rein ästhetische Emotion« durch gewisse Assonanzen und Alliterationen wachgerufen worden sei. Und manche sind es zufrieden, bloß zu sagen: »Gott, es bewegt sich«, ganz wie sie das von den ersten Kinematographenbildern gesagt haben. Und das tut es natürlich, bei Gott, wirklich, denn das ist nur ein anderes Wort für die Magie, die aller Definition spottet.

Die Magie in einem Gedicht kommt immer von ungefähr. Kein Dichter würde intensiv der komplizierten Kunst des Dichtens nachgehen, hoffte er nicht, daß sich plötzlich der Zufall der Magie ereignen werde. Er *muß* Chesterton beipflichten, daß das richtig Wunderbare an den Wundern ist, daß sie manchmal wirklich geschehen. Und das beste Gedicht ist jenes, dessen erarbeitete unmagische Teile an Struktur und Intensität an diese Augenblicke des magischen Zufalls am nächsten herankommen ...

Und auch das ist noch zu sagen: Dichten ist für einen Dichter die lohnendste Arbeit auf Erden. Ein gutes Gedicht ist ein Beitrag zur Wirklichkeit. Die Welt ist nie mehr, was sie war, wenn man sie einmal um ein gutes Gedicht vermehrt hat. Ein gutes Gedicht hilft Form und Sinn des Weltalls verändern, und hilft jedermanns Wissen um das eigene Ich und die Welt rundum erweitern ...

Ich glaube, es gibt einen umgekehrten Snobismus – und einen Anflug von schlechter Logik –, der darin besteht, daß man stolz darauf ist, daß die Gedichte, die man geschrieben hat, sich schlecht verkaufen. Selbstverständlich will nahezu jeder Dichter seine Gedichte von möglichst vielen Leuten gelesen wissen. Ein guter Handwerker stellt seine Arbeiten nicht in die Dachkammer. Und Verachtung für die Öffentlichkeit, die aus potentiellen Lesern besteht, ist Verachtung für die tiefste Nützlichkeit deiner eigenen Kunst. Glaube nur einige Zeit, daß du es nicht nötig hast, gelesen zu werden, und du wirst finden, daß es wirklich so kommen kann: Niemand wird das Bedürfnis fühlen, deine Verse zu lesen, denn sie sind nur für dich allein geschrieben, und die Öffentlichkeit wird keinen starken Antrieb verspüren, in so eine exklusive Gesellschaft uneingeladen einzubrechen. Außerdem, wenn du von der Arbeit deiner Zeitgenossen keine Notiz nimmst, so bedeutet das, daß du einen ganzen lebenswichtigen Teil der Welt, in der du lebst, vernachlässigst. So raubst du notwendigerweise deiner eigenen Arbeit ihre Lebenskraft, verringerst ihre Spannweite und ihre Möglichkeiten, und bist schon heute tot, noch während du schreibst.

Und schließlich ist ein Dichter nur für einen geringfügigen Bruchteil seines Lebens ein Dichter. Ansonsten ist er ein Mensch, zu dessen Verantwortlichkeiten es gehört, nach besten Kräften zu wissen und zu fühlen, was alles um ihn her und in ihm vorgeht, so daß seine Dichtung, wenn er sie dann schreibt, sein Versuch sein kann, den Gipfelpunkt menschlicher Erfahrung auf dieser sehr sonderbaren und im Jahre 1946 anscheinend der Hölle zusteuernden Erde zu gestalten.

fi 179/1

Brendan Behan

»Wer in der jüngeren Literatur nach einer Symbolfigur für das sucht, was im Guten wie im Schlimmen den irischen Genius ausmacht, braucht sich nicht lange umzusehen – der Name Brendan Behan drängt sich förmlich auf. Freiheitsheld und Liederjan, Raufbold und zarte Seele, Liebhaber der Träume und Liebhaber des allzu Irdischen, dazu ein Sprachbegeisterter, der sich an Worten nicht minder berauschte als an den Strömen von Whisky, Gin und Starkbier, die seinem Leben ein frühes Ende setzten – alles dies war der Anstreichersohn aus Dublin mit gleicher Vehemenz. Ein Talent der Selbstvergeudung, das aus der Fülle seiner Widersprüche lebte, schrieb und an ihr auch fröhlich zugrunde ging.« (Günter Blöcker)

Borstal Boy
Roman. Band 2212

Bekenntnisse eines irischen Rebellen
Band 5030

Der Spanner
Roman. Band 8107

Fischer Taschenbuch Verlag

Fi 181/2